美丽的中国文字

陈慧娜 刘杨 著

序

文化是一个国家、一个民族的灵魂。千百年来,中华文明作为世界上唯一未曾中断的文明,承载着古人的智慧,传递着民族的希望。中国文字,作为一个国家与民族文化的重要载体,对于文化的传承具有极其重要的作用。在一个个看似简单且平常的方块字中,蕴藏着中华千年文明的变迁。

2023年6月2日,习近平总书记在文化传承发展座谈会上指出,"在新的起点上继续推动文化繁荣、建设文化强国、建设中华民族现代文明,是我们在新时代新的文化使命"。文字承担着记录历史,传承文明的重任。由于有了文字,才会有了后来的文化典籍,有了后续的诸多篆刻、书法艺术。在文字中蕴藏着中国古人的智慧,饱含处世哲学。在一个个文字横平竖直的书写过程中，蕴藏着中华千百年积淀的前人智慧与处世哲学。

儿童是祖国的未来，青少年更是处于人生成长的关键时期，加强对儿童和青少年的教育培养，是关系到国家与民族发展的一项重大战略性任务。近年来，伴随着少年儿童图书馆事业的飞速发展，一批环境优美、设施齐备的馆社拔地而起，未成年人阅读服务网络逐步形成。在全国未成年人阅读推广事业建设发展中，图书馆正在发挥着积极参与和引领示范的作用。

陈慧娜和刘杨两位同志作为国家图书馆中层管理干部，长期从事读者阅读推广工作。工作中她们始终与读者一起，曾先后策划设计了形式多样、丰富多彩的读者阅读推广活动，在实践工作中积累了大量的经验。陈慧娜同志从事少儿阅读推广工作十余年，前期曾先后出版了《全国少年儿童图书馆（室）基本藏书目录》《绘本润童心》等少儿类著作，主持或参与完成了"四季童读"大型阅读推广项目、"全国少年儿童阅读推广服务平台"国家科技提升项目、国家标准《公共图书馆少年儿童服务规范》、"公共图书馆评估指标第3部分：省、市、县级少年儿童图书馆"的制定等。刘杨同志则长于古典文学与民国文献的研究，先后参与《国家图书馆藏民国时期抗战图书书目》等 4 部专著的编写，主持《国家图书馆媒体报道资料（1909-1949）搜集、整理与研究》科研课题的研究等。即将付梓的专著《美丽的中国文字》无疑是结合两人优长，共同就中国文字这一主题，面向青少年普及与推广的又一次有益尝试。

全书共计六章，分别从文字的产生、发展与演变、性质特点、中国文字对世界的影响等角度，深入浅出地将一个个专业化的文字学知识进行了梳理与讲解，其中不乏对文字产生过程中的种种渊源进行了故事性讲述，提高了本书的趣味性，拉近了与青少年之间的距离。

"源浚者流长，根深者叶茂"。习总书记说"只有全面深入了解中华文明的历史，才能更有效地推动中华优秀传统文化创造性转化、创新性发展，更有力地推进中国特色社会主义文化建设，建设中华民族现代文明"。开卷有益，希望每一位青少年在翻开此书时，能够有所收获，期待每一位青少年都可以在文化回望中，汲取营养；在发展与展望中，自信前行。

2023 年 10 月　北京

李晓明

目录

第一章　中国文字与世界文字

第二章　中国文字的前世

022　第一节　数不清的"疙瘩"——结绳记事

026　第二节　横七竖八的道道——刻木记事

031　第三节　岩壁上的文字——图画记事

037　第四节　"人文始祖"伏羲——八卦符号

043　第五节　"河图洛书"的神话传说

048　第六节　"四只眼睛"的创字始祖——仓颉

052　第七节　汉字的造字法——六书

第三章　有趣的汉字

057　第一节　龟甲兽骨上的乾坤——甲骨文
063　第二节　刻在钟鼎上的文字——金文
072　第三节　一面有文化的鼓——石鼓文
076　第四节　江山一统后的文字——小篆
082　第五节　中国今文字的诞生——隶书
086　第六节　沿用时间最长的文字——楷书
092　第七节　应运而生的文字——行书与草书

第四章 中国文字大家庭

101　第一节　中华文字知多少

104　第二节　马背上的文字——蒙古文

107　第三节　分支最多的文字——傣文

111　第四节　一人独创的文字——傈僳文

113　第五节　象形文字的"活化石"——东巴文

118　第六节　最具女性特征的文字——女书

122　第七节　湮没于东方金字塔的文字——西夏文

第五章 中国文字与典籍

128 第一节 从字到书——典籍的编辑与流传

131 第二节 最古老的文献——甲骨文献

134 第三节 国学"最经典"——四书五经

149 第四节 史学"双子星"——《史记》与《汉书》

154 第五节 被"点评"最多的史书——《资治通鉴》

158 第六节 我国最大的文献丛书——《四库全书》

第六章 汉字的朋友圈

168 第一节 从借用到自创——汉字在朝鲜半岛
174 第二节 难以割舍——汉字在日本
180 第三节 传播与嬗变——汉字在越南
184 第四节 字中有乾坤——汉字之美

第一章　中国文字与世界文字

我们都知道，世界上有四大文明古国：古巴比伦、古埃及、古印度和中国。[①] 普遍认为，这四个国家是世界上人类文明诞生最早的地方。但是学术界也有不同的声音，认为世界上真正的文明古国应该是古巴比伦、古埃及、古印度、古希腊和中国，这五大文明发源地。[②]

但无论是四处还是五处，为什么只有这些地方才被称为"文明"发源地呢？什么才是"文明"的标志呢？

1968年，一位名叫丹尼尔的英国学者出版了著作《最初的文明》，书中提到了衡量文明的三个标准：

第一，要有城市；

---

① 梁启超.饮冰室合集·文集【M】.北京：中华书局，1989
② 【美】威廉·麦克高希.世界文明史【M】.北京：新华出版社，2003

第二，要有文字；

第三，要有复杂的建筑。

符合上面三个条件才能称之为"文明"。

随着时间的流逝，昔日的文明古国早已不复从前的模样，那些承载着人类文明的历史建筑也已经残破或消失，但是循着史册中文字的足迹，却可以带我们去领略那些文明古国曾经的辉煌与成就，去一睹它们当年的样貌。

世界上虽有四大文明古国，但是世界上早期出现的古老文字却不止四种。现在比较被普遍接受的说法是世界上最古老的文字是古巴比伦的楔形文字、古埃及的圣书字、古希腊的克里特岛线性文字和中国的汉字。除此以外，美洲的玛雅文字、古印度的印章文字也都是比较古老的文字。

楔形文字：这是发源于美索不达米亚平原的一种古老的文字。那里是古代文明发源地之一——古巴比伦的所在。在底格里斯河与幼发拉底河之间的冲积平原，成为世界上文化发展最早的地区，史称"两河流域"。

两河流域最早的居住者是苏美尔人，最初的文明也是由他们建立的。后来的阿卡德人、古巴比伦人和亚述

楔形文字

人等都先后延续并发展了苏美尔人的文明。如果两河流域要开一场颁奖典礼的话，那么"最佳成就奖"恐怕要颁给古巴比伦人，他们所取得的成就最大，因此两河流域文明又被称为巴比伦文明。

苏美尔人对人类文明做出的最大贡献便是发明了楔形文字。

这种文字由于大多书写线条呈现笔直的形状，好像一个楔子一样，所以被称为楔形文字，也被叫作"钉头字""丁头字"。这种文字大约出现在公约前 3000 年，多见于泥板、石头上。书写的方式也很奇特，大多是使用尖尖的木棒之类的工具，在泥板上进行书写。由于是使用削尖的工具在软泥板上书写，因此大多形成的是上端粗下端细的痕迹，非常像钉子。书写后，软泥板会经过日晒或者烘烤而变得坚硬。这样加工后的泥板，既坚硬又不容易被虫蛀，因此又被称为"泥板书"。

在公元前 20 世纪，古巴比伦人创立了巴比伦王国，而此时的文字也由开始的苏美尔人创立的楔形文字，演化为阿卡德楔形文字，再到古巴比伦楔形文字。此时的楔形文字进一步强化了表音功能。伴随着古巴比伦王国的强盛，楔形文字也被传播到周边地区。

说到楔形文字，最为人所熟知的，也许要数 1901 年法国考古学家在伊朗地区发现的汉谟拉比法典石碑。这是一部古巴比伦国王汉谟拉比颁布的法律汇编。上面通篇刻有楔形文字，是迄今为止世界上发现最早的一部保存较为完整的成文法典。

在公元前 14 世纪到公元前 7 世纪，定居在美索不达米亚北部的亚述帝国时期，楔形文字曾一度成为地中海到波斯湾的国际通用文字。

由于当时楔形文字的不断发展与推广，泥板书逐渐成为人们相互传递信息，记录生活的重要载体。根据考古学家的发现，我们已知的世界上最早的图书馆就出现在美索不达米亚，其中闻名于世的便是亚述巴尼拔图书馆。

你也许会问："巴尼拔是谁？"巴尼拔是亚述帝国中的末代国王。在当政时期，他十分崇尚文化，注重文献收集与整理，爱书如痴，因此便派出了大量的人力到各地去收集泥板书，而且他还雇用了许多抄写员，专门抄写有价值的铭文和泥板。

亚述巴尼拔图书馆是现今已发现的古文明遗址中保存最完整、规模最宏大、书籍最齐全的图书馆。难能可

汉谟拉比法典

贵的是，由于泥板的坚固，使得这些泥板书没有如同亚历山大图书馆中的文献一样，毁于战火，使得我们今天才得以一窥当年"图书馆"的模样。

公元前4世纪后期，希腊、罗马相继入侵西亚，使得楔形文字的应用范围逐步缩小。阿拉伯入侵西亚后，在伊斯兰文化的影响下，楔形文字则逐渐走向消亡。

古埃及的圣书字：

说起古埃及，有着无数让人着迷的理由：金字塔、方尖碑、木乃伊、图坦卡蒙、埃及艳后克里奥佩特拉……

18世纪末，拿破仑远征埃及期间，一位法国军官偶然发现的一块残缺的石碑，上面勾勾画画，分别由三种文字组成，仿佛是古文字，便带回了当时的法国，因此才躲过了战火，得以侥幸存世。这块残缺不全的黑色石碑便是震惊西方史学界的罗塞塔石碑。

石碑上的文字分别由古埃及的象形文字、大众体和希腊文字组成，虽然前两种文字已经灭亡，但是希腊文字还存活于世，因此通过相互对比翻译，寻找文字间的相互联系，才逐渐揭开了古埃及象形文字的面纱。

事实上，古埃及作为世界的文明古国之一，早在距今5000多年前，也就是公元前3000年前后的第一王朝

罗塞塔石碑

时期，便已经有了自己的文字，称之为"圣书字"。

古埃及圣书字主要有三种字体：碑铭体、僧侣体和大众体，又被称为世俗体。

• 碑铭体：碑铭体是一种复杂但极其规范的文字形式，也就是我们最常在影视作品中看到的象形文字。这种字体非常像图画，大多被雕刻在金字塔、石碑、石棺、墓室墙壁和神庙的石壁上，也会描绘在一些当时的石器或者陶器上，内容多数用来记载历史、宗教活动、诗歌、法典等。伴随着时间的推移，碑铭体被越来越多地用于特定的场合和载体上，日显端庄严肃，成为一种庄严的正体，后来便慢慢发展成为用于神圣或特殊场所和场合的专用文字了。

比较有趣的是，古埃及文字的书写，并没有标准的顺序和格式，并不像我们今天的文字书写，大多是从左到右这种固定格式。相反，这些文字横写竖写、左写右写都可以，阅读的时候，最重要的是观察文字中动物字符的头部方向。面部所朝方向，便是阅读的顺序。由于这种文字的端庄厚重，可以很好地体现出仪式感，这种字体的使用一直延续到古埃及文明的消亡。

• 僧侣体：顾名思义，看到这个名字，大概就可以猜

碑铭体

到是僧侣专用的一种文字了。事实上，由于象形文字书写困难，体系复杂，只有经过专门训练的人才可能掌握，因此在传播和流通的过程中，存在较大的困难。因此到了古埃及第五王朝的时候，便从这种正体字中演化出了一种专门用于僧侣抄写宗教经典的字体——僧侣体。这种字体大多书写在莎草纸或者一些简便的载体上，不局限于碑铭之中。

这种字体相较于碑铭体书写更为流畅，同时，书写更为便捷，是一种书吏用于快速手写的字体。最开始的僧侣体也是可以横向书写，或者竖向书写，书写的方向并不确定。后来法老由于王权需要，不断地宣扬自己"神之子"的神圣身份，神庙在古埃及的社会关系中便随之受到了法老越来越多的关注与重视，僧侣所抄写的经文需求量也愈加增大，僧侣体的书写才被渐渐统一成标准的书写格式。这样既可以加快书写的速度，又可以避免书写过程中出现对前文的磨损。

- 大众体：大众体，或称世俗体，大约成形于公元前700年，由僧侣体发展而来的速写体。这些字体最初被应用于一些公文、契约等，后来逐渐推广开来，日常的私人信件等方面也开始逐步使用。

僧侣体

大众体

012 | 美丽的中国文字

由于大众体文字书写得更为流畅，书写速度更加快速，使得这种文字字体在当时的社会得以迅速推广和普及。这些文字符号大多曲线化明显，几乎已经很难从中找到最初象形图画的痕迹。如果用中国的汉字字体来套用的话，恐怕大众体就是我们汉字中的"草书"，甚至"狂草"。

这种字体更多地被用于纸草纸或者相对平软的材料上，书写的方式也主要为横向书写。

从上面的文字发展脉络中，我们会发现，古埃及文字是从最初的复杂的碑铭体，逐渐演化到相对简化的僧侣体，直至后来的易于传播的大众体，是一个逐渐简化演变的过程。

但是即使如同古埃及一般强大的国家，最后也无法避免后期的外族入侵和文明被最终毁灭的厄运。

公元前500年左右，古埃及被当时的波斯王朝征服，此后，古埃及又被希腊人征服和统治。在此期间，虽然古埃及的原有王朝被推翻，但其文明并没有销声匿迹。后来的统治者依旧延续了原有的政治体制和文化习俗。直至公元前47年至公元前30年，罗马人攻陷了古埃及，并由此发生了大规模的战争。

历史上，法老时代的最后一位统治者是埃及艳后克里奥佩特拉与罗马人尤里乌斯·恺撒的私生子恺撒·里昂，一个年仅17岁的小法老。在罗马军队攻陷亚历山大城之后，被杀。法老时代的结束，成为古埃及文明走向衰落的重要标志。

在罗马军队破城之时，古埃及文明遭到了重创。城内的大火使得亚历山大图书馆中数以万计的古埃及文献付之一炬。这对于延续千年的古埃及文明来说，无异于是毁灭性的打击。自此战役之后，古埃及被正式划归罗马版图。

后来的统治者，由于宗教信仰的问题，曾一度关闭罗马帝国境内的所有异教徒神庙。古埃及原有的庙宇也同样没有躲过此劫。这使得本来就已经逐渐走向没落的古埃及文明更加加速了衰亡。公元7世纪，阿拉伯人的到来，大力推进阿拉伯语，整个境内开始迅速去埃及化。至此，古埃及文明逐渐退出人类历史舞台。

古埃及文字不仅在人类历史上留下了浓墨重彩的一笔，也同样影响了后世的诸多文字，如阿拉伯文、腓尼基文等。深感遗憾的是，这种令人着迷的文字，最终消失在了人类发展的历史长河中，令人无限唏嘘。

克里特岛的线形文字：

古希腊的克里特岛，星罗棋布地分布着许多细小河流，在这里孕育了另外一种早期文字——克里特岛线形文字。

克里特岛的线形文字分成线形文字 A 和线形文字 B。线形文字 A 产生的时间较早，大约公元前 3000 年便已产生。但是颇为遗憾的是，这种文字直到今天依旧没有被破译。

线形文字 B 产生的时间相对较晚，大约公元前 1650 年。20 世纪初，英国的考古学家在克里特岛的古代宫殿遗址上发现，一些断壁残垣中，隐约可见一些文字。这些文字后来被证实，是希腊语的一种非常古代的形式。

在欧洲的文明发展史上，古希腊罗马时期是一个高峰期。在此期间，最具代表性的便是以希腊克里特岛为中心的克里特文明和迈锡尼古城为中心的迈锡尼文明。但是这两种文明并非同一时期同时出现，克里特文明出现相对较早，迈锡尼文明则是在继承并发扬克里特文明基础之上发展而来的。

克里特岛线形文字 B 便是迈锡尼文明的重要代表之

克里特岛线形文字 B

一。它最重要的使用者和传播者是当时居住在伯罗奔尼撒半岛的迈锡尼人。公元前1600年前后，受克里特文明的影响，居住在伯罗奔尼撒半岛上的迈锡尼人建立了自己的国家。伴随着商业贸易的不断开展，迈锡尼人逐渐取代了之前的米诺斯人，一度成为爱琴海地区的商业主导者，迈锡尼古城也因其金银制品而名扬天下，成为当时富甲一方的都市。迈锡尼文明的不断强盛，使得米诺斯人所使用的线形文字A也逐渐为迈锡尼人所使用的线形文字B所代替。

由于刻有线形文字B的泥板最早发现于宫殿遗址之下，曾经一度被认为，这种文字主要用于记录政治活动。1952年，在迈锡尼城堡外出土的38块泥板，被破译后发现是使用线形文字B记录的商贸往来清单。这说明，线形文字B已经逐渐地普及市民大众身边，广泛地应用于市民生活。

线形文字B的没落众说纷纭，可以比较确定的是，在公元前1200年前后，迈锡尼文明所在的区域王朝更迭频繁，战乱频生，导致经济受损，致使原来曾经辉煌一时的迈锡尼文明开始逐渐呈现出衰败之气。伴随着阿卡亚人的入主，迈锡尼文明所在的多个城邦遭到了严重的毁坏，迈锡尼文明同样难逃被灭亡的命运。

中国文字：

前面我们对世界上的一些古老文字进行了阐述，终于要到我们最熟悉、也最为骄傲的部分——中国文字。

中国文字，主要是指中国所使用的文字。通常情况下，中国文字主要是指汉语言文字，也就是我们所说的汉字。

中国的汉字最早产生于我国的黄河流域和长江流域。我们都知道，人活着就需要有水，迫于生存需要，在长江、黄河流域，古人生存概率会更大一些。这也就是为什么中国的汉字会最早产生于黄河流域和长江流域。中国汉字的产生时间大约在公元前4000年。与上述所谈到的古巴比伦、古埃及、古希腊的文字产生时间基本相同。

说起中国汉字的起源，也许许多人会说龟甲兽骨上的文字就是中国文字起源的最好证明。而事实上，中国文字的出现，其实要更早于殷墟文化。早在新石器时代，在中国境内，便已开始出现文字的雏形。早在公元前7000年左右，中原地区便已开始出现富有代表性的文字符号。在这一时期，仰韶文化、大汶口文化、马家窑文

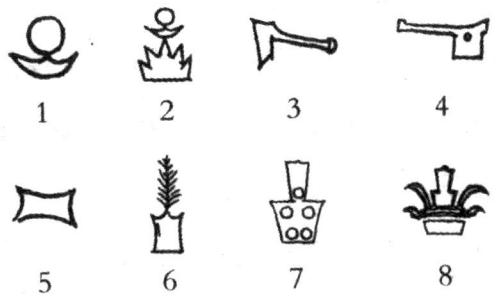

大汶口陶器符号

化和良渚文化是目前已被公布的刻符代表。

这些符号虽然还没有形成统一形状描绘的约定，也没有统一表意的固定模式和口语的表达发音，还不能将其称为"文字"，但这些符号的发展方向，一种是成为后来的绘画，另一种便演化为后来的汉字。

伴随着社会的不断进步，人们对文字的需求也愈加明显，在大约5000年前，传说伏羲创造了八卦，使用八种相互交错的符号来表达八种自然现象。这八种符号，后来便演化成为八卦的符号，催生了占卜之法，也促使汉字系统的建立。后来在4000年前，当时的朝臣仓颉"仰观天象，俯察地理"，创造出了中国第一批汉字符号。此时的文字系统依然还只是一个简易的表音体系，同今天我们所说的汉字系统还是有着比较大的差别的。一直到后来殷商甲骨文的出现，中国汉字才成为基本成熟的文字系统。

自殷商文化开始，中国文字便正式开启了有史可循的新篇章。在殷商末期，开始出现铭刻在各种青铜器上的金文，这些青铜器上的文字大多是用来记载和表述战功、歌功颂德之用。

春秋战国时期，百花齐放，百家争鸣，一时间各地文思涌现，文字发展也相应地进入了一个高速发展时期。在此阶段，人们无论是从文字的载体或是使用工具上都得到了明显的提升。人们开始使用毛笔、墨汁或朱砂在竹简或绢帛上书写，文字的字体也开始出现不同程度的简化。

但是，伴随着文字的大行其道，其内在的弊端也开始不断显现出来。各地流行的文字各不相同，大篆、小篆、隶书……五花八门，多种多样。相同的文字，不同的地域，不同的字体，不同的含义，一时间，文字虽然得到了迅速的发展，但问题也随之愈加明显。

到了秦朝，便有了大家熟知的秦始皇统一天下，一统文字。这使得文字从过去的五花八门，归为统一字体——小篆，并将其作为公文书写的标准文字。

伴随着时间推移，汉代时期，由于文字使用的需要，在隶书的基础上，对文字又做了进一步相应的简化。《说文解字》中便提到"汉兴，有草书"。意思是说，在汉代的时候，草书便开始出现。由于此种字体多用于应急，多是在紧急情况下进行书写，文字结构相对简易且较为潦草，故名"草书"。

至此，中国汉字无论是从文字的体系结构，还是从文字的使用与传播，已基本完成了从造字到字形的发展，且在使用的范围内，基本实现了大一统。

从描形刻画，到文字的形体创造，历经数千年，中国汉字成为当今世界适用范围最广的文字之一，同时也是唯一没有中断的表意文字，成为绵延数千年而未曾中断的文明之一，这不得不说，是世界文明延续至今的奇迹，更是中华民族的骄傲！

第二章　中国文字的前世

我们都知道,文字的诞生并非一朝一夕,而是经过了漫长的发展过程,前面我们已经提到了世界上的几大古老文字,也说到了中国汉字在甲骨文之前,并非一片空白,但是,中国的汉字到底是怎么诞生并发展而来的呢?到底是谁创造出来的呢?中国的汉字有哪些有趣的传说呢?

第一节　数不清的"疙瘩"——结绳记事

许多人都非常好奇,既然文字不是一天诞生的,那在文字诞生之前,人们怎么记录事情,又怎么传递信息呢?

在《周易正义》中曾经引用《虞郑九家易》说："古者无文字，其有约誓之事，事大大结其绳，事小小结其绳，结之多少，随物众寡。"什么意思呢？翻译成今天的通俗语言就是：古时候，没有文字，万一要是有需要特别记的事情，那就用绳子打结来表示。事儿大，就结个大绳结；事儿小，就结个小绳结。绳子上打的绳结多少，完全取决于需要记录的事情多少。如果想要记住一件事，那就打一个结，以后看到这个结的时候，就会想起来；想要记住两件事，那就打两个结，以此类推。

结绳记事虽然现在听上去感觉匪夷所思，然而，这种记事方式却是相对可信、有据可查的。在一些发掘出的远古时代的器皿上，也同样有结绳的图画痕迹。这说

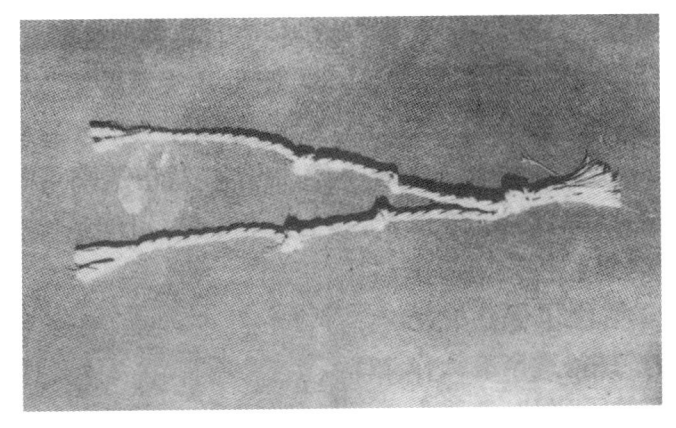

台湾原住民结绳记事

明，早在文字出现之前，人们已经开始运用聪明才智，使用自己的方式，对发生事件进行记录了。

看到这儿，是不是感觉结绳记事距离我们相当的久远？

事实上，结绳记事从远古时代传至今天，并非遥不可及。即使是在近现代中国境内依然有许多少数民族在沿用结绳记事、刻木记事的生活方式。比如，我国的哈尼族在新中国成立前就没有自己的文字，而是通过刻木、结绳记事的方式来记录事件。除此以外，我国的独龙族、珞巴族、傈僳族都曾经是历史上没有文字的民族。这些少数民族或者在新中国成立初期，在政府的帮助下，创立了自己的民族文字；或者是后来在外来人员的帮助下，发展了自己的民族文字。在国外，秘鲁土人会使用一根横着的长绳，在下面悬挂着多条竖绳，不同的颜色，不同的结，代表着不同的事。

就连大家非常熟悉的鲁迅先生也曾经在他的《门外文谈》中提到在绍兴乡下，为了提醒自己第二天要做的紧急的事情，就会在腰带上打个结。你看，即使是在现在，结绳记事也并非毫无用武之地呢！

但是结绳记事只是利用外部的实物，借以帮助记忆的一种方式，并不具备抽象符号的特质，因此也就没有发展成为后来的文字。从严格意义上来讲，结绳记事并非文字发展的雏形阶段，只能是前文字时期而已。

伴随着要记的事情越来越多，内容越来越复杂，结绳记事的弊端开始逐渐显露出来。首先就是记忆的内容。人都是会遗忘的，比如好久以前打的一个结，过一段时间后，再回去看这个结，已经忘记了当时打这个结的目的是什么了。《说文解字》中说："及神农氏结绳为治而统其事，庶业其繁，饰伪萌生。"意思就是说：事儿一多，这绳子上到处都是结的疙瘩，左一个疙瘩，右一个疙瘩，最后就连结疙瘩的人都已经不知道，每个疙瘩要记的是什么事儿了。这就使得结绳记事的功能性大大降低。

另一方面，由于打结的目的是记录，而这种寓意大多只能扩展到一个非常有限的范围之内。比如打结之人，或者指定的接收人，没有办法推而广之。这样就成为结绳记事无法广泛传播的另外一个重要原因。

由于结绳记事的弊端越来越明显，无法满足人们日常生活的需要，无法实现有效的记录信息、传递信息的功能。这种弊端便成了人们创造文字的原始驱动力。

结绳记事印证了记录的必要性，探索了在文字产生之前，人们的记录方式，为后来文字的创造与发展积累了宝贵的经验与财富。

第二节　横七竖八的道道——刻木记事

上古时候，为了能够记录下有价值、有意义的事情，古人们也是操碎了心。为了能够记录一些重要的事情，除了结绳记事以外，古人还创造出了刻木记事这种记录方式。

刻木记事并非我们猜想的在树木上刻字。刻木记事的载体当然是"木"！不过这个"木"指的是以竹片、木片或者骨片为主，统称为"木"。在上古时期，是没有笔的，但是又需要"刻"，那怎么办呢？聪明的先人于是就利用烧黑了的木炭或者一些相对锋利的石器在上面进行刻画，有的则干脆上面烙个洞。可能在我们今天看来，实在不明白，这烙个洞、刻个横竖，能记录些什么呢？但是在古代，它可是派上了大用场了。

早在上古时代，人们便已经开始利用这种原始的记录方式，登记物品的数量、传递重要的信息。中国青海乐都柳湾新石器时代墓葬中出土40枚骨片，两边刻有缺

结绳与刻木

口,这些缺口便是在记事或记数用物。缺口大一点的,表示所要记录的事情比较大;缺口小一点的,则表示所要记录的事情比较小。在竹片、木板上,所刻画出的横横竖竖也都代表着各自不同的寓意。

在《汉字的故事》[①]一书中还曾经记录过,新中国成立初期,在云南曾发现过一块刻木。上面刻画着"|||○×|||"字符。后经专家译解,意思是:"一是说来了三个人,月圆时我们会面了;二是说现在送去三包礼

---

① 郁乃尧.汉字的故事【M】.北京:中央编译出版局,2006

刻木记事

物，分给三位领导。"是不是感觉很有意思？如果没有专家的解释帮忙，还真的是很难理解这上面刻画的符号的含义啊！

　　刻木记事听上去好像很遥远，事实上，刻木记事和结绳记事一样，都曾经是中国境内少数民族非常重要的一种记事方式。并且，在我国的历史发展过程中，都不乏它们的身影。《隋书·突厥传》中便记载了北方突厥人刻木记事的事情，《旧唐书·西南夷传》也记载了当时我国南方一些少数民族采用刻木记事的情况。即使是到了我国的近现代，在新中国成立前，我国的许多少数民族也是没有自己的文字的。当他们需要将一些重要的事情记录下来，或者传播开去，或者作为契约，相互约定，那么"记录"便成为一种必然。刻木记事便成为一种当时的重要记录方式之一。比如我国境内的基诺族便是一个刻木记事的代表性民族。他们会在竹片上刻"×""一""二"等记号作为数字符号，以此来记录所要约定的数字。如果是作为契约，就会从中间一分两半，契约双方各执一半，以此为凭。有点类似于我们日常生活中，签合同的时候，双方认同合同内容后，签字画押，之后双方各执合同一份。以此为凭证。即使是现代，基诺族

第二章　中国文字的前世 | 029

的老人们依然保留着刻木记事的本领。

刻木记事的解读方式也与现在不同。现在，大家都认识文字，可以通过阅读文字，了解当时登记的内容是什么。而在当时是不行的，毕竟刻画的内容只有刻画的人，或者是比较年长的长者才会知道很久以前刻画符号的含义。如果所刻内容仅仅只是数字的登记，倒也比较好理解，可是如果记录的是一件事，那就不好理解了。因此，一般这个时候，需要解读所刻的内容时候，就会请出族中的长者，对刻画的内容进行解读。

无独有偶，在欧洲的丹麦、瑞典和英国北部的偏僻乡村，直到中世纪还用一种方形木棒，刻上各种条纹或符号，来记录一年的重要宗教节日。

大家可以想象一下，每到特殊时节，族里有重大事件发生，想要翻查之前的记录，以做参考。族长便会拿出一堆刻画得横七竖八、各种缺口的木条、竹棒，堆在地上，翻翻找找。这是何等壮观的"阅读"场景！

如同我们前文中所提到的结绳记事的方式一样，刻木记事也一样存在着明显的弊端。首先便是同结绳记事一样的问题，横横竖竖，只有时代相对近一些的才能够被记住，相对久远一些的，便可能会遗忘。毕竟，横竖不能代表事情的内容，只是起到提醒的作用；同时，刻木记事同结绳记事一样，在传播的过程中遇到了难题。毕竟刻画的含义只有刻画者自己知道，或者个别年长者能够知晓，想要进一步扩大传播范围，延长流传时限，十分受限。只能是口口相传，一代传一代，出现偏差的概率也是极大的。

但是不可否认的是，在文字诞生之前，无论是结绳记事还是刻木记事，都起到了一定的辅助记忆的作用，具有一定的"记事"功能。它们虽然诞生的年代久远，还无法很好地表达记录内容的含义，但是在人类文明发展的过程中，却具有非常重要的意义。

第三节　岩壁上的文字——图画记事

前面我们提到了结绳记事，提到了刻木记事，但是这些记事方法都存在一定的先天不足，无法完整记录事情的内容，仅能够起到提醒或者登记数字的作用。可是，伴随着人们生产生活的不断发展，人们对"记录"的需求越来越强烈。

既然绳子打结、木片刻画都达不到要求，那可以画画啊！比如你想记录一头牛，那么就可以用"笔"画一头牛；想要记录有关人的事情，那么就画一个人或者一群人出来；如果想要记录一件事情，单独一幅画无法表述，那么就可以画几幅连续的图画出来，这样就可以连贯地记录一件事情，而不仅仅是起到提醒的作用了。

但是对于图画文字与图画还是存在着一定的差别的。简言之，图画记事是从文字发展史的角度来探讨的，而图画则是从艺术史的角度来探讨的。虽然两者看似同根同源，然而实则不然。如同前文中所提到的一些遗址出土的陶器上所刻画的符号，这些到底是否属于图画记事的标记，在学术界还没有一个特别明确的界定。一些学者认为早期出土的陶器上所刻画的图画就是早期的文字。这主要是认为早期的象形文字来源于图画之说。而有些学者则认为，早期出土的一些器皿上的图画只是当时为了美观绘制而成，并非用来表意，因此不能将其认定为史前文字。

对于远古时期的图画，确有一些仅仅只是美观需求，但有一些则已经具有一定的表意作用。但是，作为文字，除了需要具备一定的表意作用之外，同时还需要具备一定的表音作用，是一种能够记录语言的符号，其内在存在着一定的体系结构。因此从这个角度来讲，一些远古时期的"图画"虽然与结绳记事和刻木记事相比，具有一定的表意作用，但是依然不能将其称为"文字"，依然还是文字的前身。因此，我们可以说图画记事是文字诞生前的一个重要发展阶段，却不能说图画便是文字的起源。

对于图画记事，人们最开始是利用自然界带有颜色的原始涂料涂抹在一些树干、甲骨或者兽皮上，根据实物的形状或事件内容进行描绘。但是伴随着时间的推移，一些不稳定的载体，比如树皮、兽皮之类，由于自然界外力或后期人类战争，使得一些远古时期的图画所记之事没有保留下来。我们只能在一些文献记载中，寻得蛛丝马迹，了解到史前文明中，还曾经有图画记事之说。但是有一种史前图画，由于其特殊的载体，成为史前图画记事的见证者——岩画。

岩画，顾名思义，就是画在岩石上的画。这些刻画在岩石上的图画文字，为今天的我们探寻远古时期的文明提供了宝贵的历史资料。在这些岩画中，或者是以一个特殊的图画标记代表着某一族群，或者是通过一系列的图画记录一件事情。

将军崖岩画

我国最早的图画记事发现在一个甘肃出土的陶器瓶上，瓶子上画了一只类似于蜥蜴一样的图画，却又不完全是动物形象，它有着人脸，却又有着动物的身躯，尾巴卷曲至头部。这并非自然界动物的如实描绘，与其说这是一个动物的图画，不如说这更像是一个氏族的徽章或者图腾。陶器的制作者将其刻画在自己制作的器皿上，将氏族的图腾作为个人标记使用。

这种将氏族或部落的图腾作为个人标记使用的事情，在世界范围内，也同样普遍存在，特别是在美拉尼西亚人、北美印第安人和西伯利亚诸部落中最为流行。[1]

图画记事在很长一段时间里，成为古人记录生活的重要方式。即使是在后来，图画记事也并没有完全消亡。在《汉字的故事》中曾经记录一桩趣事。相传，太平天国时期，清朝大臣曾国藩属下鲍超被太平军围困。当时太平军的将领是陈玉成，外号"四眼狗"。鲍超识字不多，但是又急于传递信息，于是就画了一幅画，送与曾国藩。曾国藩打开图画，上面画了一个圈，上面写了自己的姓氏"鲍"字，外面画了好几条狗。曾国藩立刻明

---

[1] 盖山林.从图画记事谈阴山岩画【J】.黑龙江文物丛刊.1984.2

鲵鱼纹彩陶瓶

白，属下是被陈玉成包围了。于是，立刻出兵救援。①

上述故事究竟真实与否，我们暂不评论，只是这样一个简短的故事，也恰恰说明了，即使是文字发达的近现代，图画的传情达意的功能依然存在着，在特定的情形下，继续发挥着作用。

图画记事作为史前文化的重要组成部分，在世界文明史上发挥着重要的作用。如果没有这些图画的记录，我们对于史前文明仅仅只能靠想象和猜测，正是由于有了一些图画的记录和流传，才使得后世对史前文明的探究拥有了研究的对象，具备了研究的可能。

第四节 "人文始祖"伏羲——八卦符号

在前文中，我们提到的结绳记事、刻木记事、图画记事，都是参考了一些历史资料后得出的结论。但是中华文字史上，究竟是谁创造了第一个文字呢？

关于造字说，最早流传的神话传说便是"伏羲造字"。

唐代韦续《墨薮·五十六种书》中提到："自三皇以

---

① 郁乃尧.汉字的故事【M】.北京：中央编译出版局，2006

前，结绳为政；至太昊氏，文字生焉。"意思就是说，在远古三皇之前，人们都是用结绳记事的方式来进行记录的，到了太昊氏，也就是到了伏羲的时候，文字被创造出来，开始使用了。

那么，问题出现了。这里面所提到的伏羲到底是谁呢？他对文字的诞生有什么样的重要贡献呢？

对于伏羲，更多的来源于神话传说。相传，伏羲的母亲怀有身孕足足十二年，之后诞下一个人首蛇身的婴儿，这婴儿便是伏羲啦！长大后，伏羲与女娲成亲，便成了人类的始祖。

伏羲是古代传说中的中华文明的人文始祖，据说伏羲生活在今天的中原东部和黄河流域。6300多年前，主人公伏羲，也就是伏羲氏的大酋长太昊，在登上泰山之顶之后，感受到了天地之奇异。于是便开始希望能够将天地间的一些奇异天象进行记录和解释。只是当时并没有文字，但是又想将自己的所思所想记录下来，便开始尝试着创造记录的符号。

《周易·系辞下》中说："古者庖羲氏之王天下也，仰则观象于天，俯则观法于地，观鸟兽之文与地之宜，近取诸身，远取诸物，于是始作八卦，以通神明之德，

伏羲像

以类万物之情。"① 大概的意思就是说，伏羲仰观于天，俯观于地，思考着天地万物的奇异景象。观察鸟兽的足迹，结合远近诸物的不同，便创造出了八卦。

八卦符号中最基本符号便是阴阳，阴便以"- -"表示，阳则以"—"表示。阴阳两种符号相结合，形成一些具有象征意义的符号。三叠组合，一共可以得到八种符号，所以才叫"八卦"。这些符号最初主要用来表示自然现象，比如坎卦的符号便是"☵"，对应的自然现象是水；乾卦符号是"☰"，对应的自然现象是天。八卦的八个符号分别代表天、地、水、火、雷、电、风、泽这八种自然界的现象。

看到这儿，也许你会心生疑惑。明明说的是中国的文字，怎么说起八卦来了？跑题了吧！

事实上，八卦的符号与后来的一些文字的产生还是颇具渊源的。

从表象来看，八卦符号与文字似乎毫无关联。但我们都知道，原始的文字符号本身就脱胎于象形，同时兼具通用性和推广性。也就是说，文字在相对广泛的地域

---

① 高亨.周易大传今注【M】.济南：齐鲁书社.1979

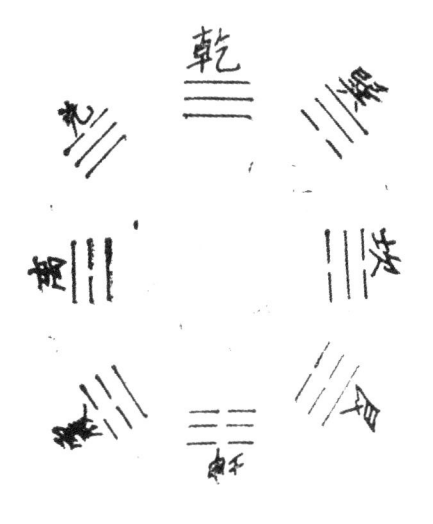

伏羲八卦图

内，大家能够都认识，理解符号所表示的内容。这也是非常不同于前文中所提到的结绳记事、刻木记事的地方。

前文中我们知道，八卦是"仰则观象于天，俯则观法于地，观鸟兽之文"的产物。这说明八卦最初的来源是自然现象，是天地的奇观和鸟兽的足迹，是自然界诸物的产物。这些卦符虽然以现实中的实物为原型，但已经是以简洁的线条、用刻画的方式来表现，已经具备了一定的抽象表意作用。

伴随着社会的不断发展，八卦符号渐渐地被后世的巫师更多地用于占卜之用。巫师通常会将卦符刻画在一些特殊的占卜法器上。这些八卦符号，相互组合，通过占卜可以得到不同卦象，巫师进而根据卦象对事项进行解释。巫师对八卦符号的使用，使得这些符号的应用范围得以扩大，由最初的天地现象的刻画，到后来生活现象的占卜。八卦符号在宗教色彩的映衬下，逐渐从神话过渡到了后来的约定俗成。此时，八卦符号已经逐步实现了抽象、表意和传播的作用，已经初步具备了文字的表象特征。

但是我们能不能就直接说八卦符号就是文字的前身呢？恐怕这样说也实在过于武断。只能说八卦符号在一定的时间内，具备了文字符号的部分特征。

那么历史上是否真的有伏羲其人？究竟是不是由于伏羲创造了文字，或者八卦符号，便由此成为中华文明的"始祖"？这些我们都无从考证。只能说无论是伏羲还是女娲，都只是停留在神话传说中的人物。而神话本身在语言文字尚未形成的远古，也同样是当时社会的一种映射。就好像后来的《西游记》作为神话传说，也同样是在反映着当时的社会现状，只不过表现的形式，前者是神话传说，后者则是以文字记录的小说形式展现而已。

无论如何，我们都认同，文字的创造并非一朝一夕，而是经历了漫长的历史过程。文字作为人类文明的重要标志，一定会有一个最初的创始阶段，而这个阶段在远古时期，也许会是相当长的一段时间。传说中伏羲所造的八卦符号，也许最大的意义就在于，使它成为文字诞生的里程碑源头。

第五节 "河图洛书"的神话传说

中国是一个源远流长的国度，任何一个民族都想知道自己从哪儿来，又将去往何处。除了盘古开天辟地、女娲补天这样的神话传说外，"河图洛书"便是对中国文明史"创世记"的又一次探寻。

所谓"河图洛书"，与前文中所提到的伏羲造字一样，也是一段颇具传奇色彩的文字起源传说。这个故事传说，还与我们前文中所提到的伏羲颇有些渊源。

首先，我们必须知道，河图与洛书是两样东西，并非一种，所以有时候我们会听到"河图洛书"，并非说，有一本书，名字叫洛书，是在河图这个地区被发现的。这里的"河"指的是黄河，而"洛"则指的是洛水。所以这根本就是两条河流。那么"河图洛书"到底是怎么回事呢？

最早的"河图洛书"的字样，出现在中国的早期典籍《尚书》中。但是并没有针对"河图洛书"进行详细记载，也只是提到了而已。对于"河图洛书"的传说，自古以来，有多个版本，说法不一。

传说中，在伏羲时候，由于他教授人们捕鱼结网，养蓄家畜，大大改善了人们的生存环境，得到了广大人民的爱戴。在他的带领下，人们安居乐业，此举感动了上苍，于是便有了神兽降临人间的故事。

据说，由于伏羲带领百姓安居乐业，改善了生存条件，天帝深感欣慰，于是便天降神兽。它长着龙背，马身，身披双翼，丈高八尺，浑身上下长满龙鳞，踏波而来。在水面上行走，如履平地。更为神奇的是，这种神兽的背上画有规则的凸点，仿佛是一种图案。伏羲见后，心生诧异，于是便按照龙马背上的图点画出了图样。这便是后来一些典籍中所说的"龙马负图"。后来，伏羲根据所绘图画的样子，创造出了八卦，以传后世，后来成了《周易》的源头。《尚书·顾命》中写道："伏羲王天下，龙马出河，遂则其以画八卦，谓之河图。"说的就是这个神话传说。

又有传说，在尧统治天下的时候，曾经出现了滔滔洪水，民不聊生。为了要治理洪水，尧便派禹前去治水。在治水的过程中，禹三过家门而不入，废寝忘食，为了百姓的安危而昼夜忙碌。他亲自勘察地形，设立标记，确定治水方案。他没有采取前人常用的堵塞河堤的做法，而是通过疏通河道、开导阻滞的方式，使得洪水得以释放。由于对洪水的合理疏导与利用，使得水边的百姓，既有了丰富的水源，得以耕种农田，同时又保证了生产生活的安全，百姓得以安居乐业。

据说大禹在治水期间，殚精竭虑，其心可表日月，万民称颂，于是便天降祥瑞。一天，大禹来到洛河处观察水情，远远便见洛河里出现了一个人，他长着人脸却长着鱼身，十分惊奇。更为惊奇的是，这鱼精竟开口说道："我是河精。"对大禹说，因大禹治水，有利一方百姓，上苍甚为感动，因此特授予大禹治水之法。说完，便将一个奇怪的图画递给了大禹，特别说明这图画可以帮助大禹在治水过程中，事半功倍。说完，便转身消失得无影无踪。

大禹拿到图画后，甚是惊奇，细观这幅图画，原来竟是地理和水文的知识。凭借着河精提供的这幅图，大禹在治理水患的过程中，果然顺利了许多。后来大禹即天子位，根据上面的符号，将天下划分为九州。也有说，《尚书》中的《洪范》篇，便是治理国家的九种大法。而河精所献的这幅图画便是出自洛水的"洛书"。

另有传说，大禹在治理水患期间，一只大龟自水中爬上岸，这只龟的背上整齐地排列着1—9这几个数字，非常的有规则。大禹得此图画，也感到异常的惊奇，于是便按照这些图画描画下来。后来根据这些数字的排列顺序，将天下划分成了九个区域。因为这只大龟是从洛水中浮现水面，因此所得之图也被称为"洛书"。

河图与洛书到底从何而来，我们不得而知；但是"河图洛书"却是我们的祖先在面对自然万物的思索中，对数字这一特殊符号内在逻辑的一种思索，一种探寻。河图上，我们可以看出，○代表着奇数，而●则代表着偶数。数个规则的圆点所表现出的阴与阳、奇与偶，蕴含着古人对数字的崇拜以及对阴阳相合的探索。更为惊奇的是，洛书上，无论是横、竖或者是斜项，所有数字之和都是15。这对于现当代而言，并非难事，可是这却是出现在上千年之前的古代，这不得不令人拍案惊奇。

龙马也好，河精或神龟也罢，这些都只是神话传说

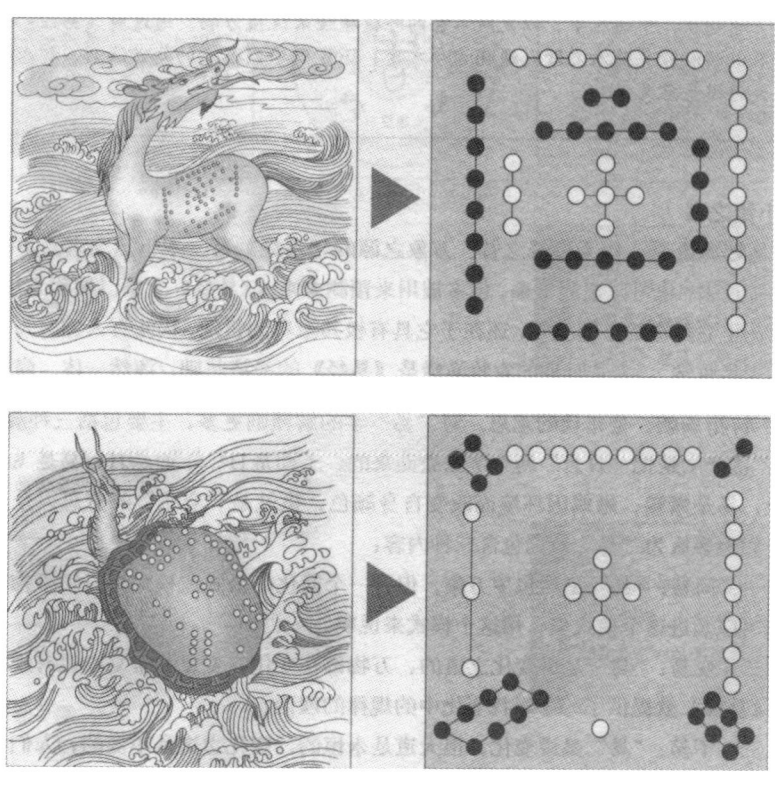

河图与洛书

中的主人公。但是河图与洛书却真实地存在于我国古代典籍中，并对后世产生了巨大影响。先有《尚书》，后有《易传》《册府元龟·帝王部》……诸子百家文献中也曾多次提及。这些典籍用文字记录了河图与洛书的存在。也许，河图与洛书的创造者是一个神话传说，但河图与洛书却并非完全是神话传说。其来源的更大可能，便是河洛水域的先人。他们经过多年的寻求与探索，从而总结出的一些蕴含深刻哲思、具有代表意义的特殊符号，是中国的先人对自然探寻并抽象后的思索结晶。

这些特殊的符号对后世影响可谓巨大，后来的八卦、《周易》《洪范》均受到了河图与洛书的影响，在中国的文化发展史上具有极其重要的作用。

第六节 "四只眼睛"的创字始祖——仓颉

继伏羲造字之后，还有仓颉造字的传说。

相传，汉字是黄帝时期一个叫仓颉的人创造的。

仓颉，是个陕西人士，有人说他曾经自立为王，号仓帝，是上古时期的一个部落首领；也有人说他是黄帝时期的一位史官。古书上说他有"双瞳四目"，就像我们现在常见的画像中所描绘的一样，两条眉毛下面有四只眼睛，看起来十分奇特，不同于常人。古人这样描绘仓颉的样貌，大概也是因为他创造出了伟大的文字，因此而被人们看作天上的神仙下凡，拥有超过凡人一倍的眼睛，或许也只有这样，他才能看得更远、更多，才能想别人不敢想，做别人不敢做的事。

传说，仓颉的老家在今天陕西省白水县，他原本在黄帝手下当一个掌管仓库的官。在仓颉之前，古代的人都用给绳子打结的方法来记录事情。仓库里有牲畜、粮食，还有各种不同的食物和生活用品。仓颉人很聪明，做事又尽心尽力，很快就熟悉了他所管理的各类物品。慢慢地，随着黄帝势力的不断扩张，仓库里的牲口、食物也慢慢增多，用来记录的绳子也层层叠叠，数也数不清了，时间一长，单单依靠绳子打结的方法已经不奏效了。一次，黄帝与炎帝交战之后准备进行谈判，黄帝让仓颉给他提供记录的数量，因为绳结年代久远难以辨认，仓颉提供的数据出现了差错，导致黄帝在谈判的时候失败了。在这件事情之后，仓颉内心十分愧疚，于是他辞去了自己的工作，四处游历，绞尽脑汁地去寻找更有效、更方便的方法来记录事件。

一天，仓颉正在冥思苦想的时候，只见天上飞来一只凤凰，嘴里叼着的一块东西掉了下来，正好掉在仓颉面前，仓颉连忙把它捡起来，看到上面有一个好像动物的脚印。这时刚好走来一个猎人，猎人告诉他这是貔貅的蹄印，因为每个野兽的蹄印都不一样，所以一看就能分辨出来。仓颉听了猎人的话之后大受启发。他想，既然一个脚印代表一种野兽，那我为什么不能用一种符号来表示一件物品呢？从此以后，他认真仔细地观察日月星辰、虫鱼鸟兽的不同特征，依照它们的样子，用笔一个个地画出不同的图形，并且定下了每个符号所代表的意义。由于仓颉的字都是根据万物的形状造出来的，所以他画出的每个字都能根据形状推测出字的意思。过了很久，仓颉终于造出了文字。仓颉把这些字献给黄帝，黄帝十分高兴，立刻召集九州酋长，让仓颉把造的这些字传授给他们。就这样，这些字的用法就推广开了，慢慢演变成了我们现在使用的文字。后来，为了纪念仓颉造字的功劳，后人把仓颉造字的地方称作"凤凰衔书台"，宋朝时还在这里建了一座庙，取名"凤台寺"。

宋代的时候，皇帝让一位大臣把皇家收藏的古代书法作品编了一个法帖，叫作《淳化阁帖》，里面收入了一个叫作"仓颉书"的帖子，上面写着二十八个字。传说这些字来自仓颉墓中的石刻，从这些字里，我们依稀可以看到甲骨文的影子，但究竟是不是仓颉时代的文字，由于年代久远，也无从考证了。

关于仓颉造字的传说，古往今来，大家争论不休。在古人的记载里，汉字的发明与出现是一件惊天地、泣鬼神，具有里程碑意义的重大事件。至于在文字的创造过程中，究竟有没有一个关键的时间和关键人物，后世的学者们却意见不一。鲁迅先生认为，文字的创造是集体智慧的结晶，如果把功劳都归于仓颉一人，恐怕不妥。但更多的学者认为，的确有仓颉这个人存在。他们认为，在中华民族漫长的发展历史中，必然有一批人，凭借过人的智慧，发明了以图、以符记事的方法，而又在此后的某一时期，又由他们中的代表人物进行了文字发展史上的一次大整理、大规范。正是有了整理与规范，才能让文字流传至今，所以这次整理的意义是重大的，这就是仓颉造字深入人心的原因。

在《淮南子·本经》这本书中记载："昔者仓颉作书，而天雨粟，鬼夜哭。"传说，在仓颉造出文字的时候，白天下起了谷子雨，晚上听到了鬼哭狼嚎。因为仓颉创造了文字，可以用来传达心意，可以用来记录事情，自然值得庆贺，天降谷雨来奖励仓颉。与此同时，鬼神们也知道，这样一来，人就会变得越来越聪明，没有什么事能瞒得过人了，所以他们伤心不已，连鬼也要哭了。究竟文字是不是由仓颉创造的，或许需要等待新的考古发现才能证实。但是可以肯定的是，文字的出现，改变了人类历史的进程，拥有了文字的人类，才能够更好地思想，去探索未知，去了解天地之间的奥秘。

第七节　汉字的造字法——六书

今天，我们提起造字法，最多听到的也许就是六书造字法。早在东汉时期，班固的《汉书》便首次明确列举了六书的内容，即：象形、象事、象意、象声、转注和假借。后来许慎所著的《说文解字》中，也同样详细地列举了文字构造原则，即：象形、指事、会意、形声、转注和假借。这六种造字方式逐渐奠定了后来汉字的造字的系统理论。六书造字法，虽在诞生初期依然存在一定的不足之处，但是不可否认的是，相较于之前的造字法的传说，确实要严谨缜密得多，具有较高的研究参考价值。

这里所提到的文字构成方式,与我们今天所提到的文字构造原理已经非常的相似。

象形:意指根据外物的实际图形进行的描绘。文字多具有图画特征,且多为独体字,无法拆分。比如,常规意义上的"山""日""人"等。虽然此类文字相对而言属于小众,却是中国文字中最为基础和重要的部分。

指事:指的是用象征性的符号来表示某个文字。与象形文字相区别的是,虽然依然有图画的性质在其中,但这些图画符号已经具有一定的抽象指事意义。此类造字法,大多也是独体字,如"上""下""刃"等。这些文字,大多具有意指的含义在其中,不再仅仅只是根据实物的形状进行描绘。

会意:会意字大多是由两个或两个以上的部分组成的合成字。这类文字与前两种的造字法不同。前面的造字法都是独体字,可是会意便是合体字的造字法之一。这类汉字大多由不同的部分组成在一起,形成一个全新的文字。比如"明",日和月在一起,便是明亮的明;"休",一个人靠在一棵树上,便是休息的休;"众",三个人在一起,便是人群众多的众等。这段文字,我们可以清晰地看出，会意并非简单的部首堆砌，而是有些只可意会不可言传的微妙韵味在其中，需要人们用心去体会和感受。

形声：形声也是合成字的造字法之一。这类文字大多存在偏旁部首，或者分为上下结构，或者分为左右结构。但是无论是哪种结构，字形都是由两部分组成，一个是声旁，另一个是形旁。文字的发声也主要来自声部。这类汉字，在我们身边，相对于前两者而言，要普遍很多，比如"瑛"发音便来自部首"英"；"访"发音来自部首"方"；"爸"的发音来自部首"巴"等。

转注：许慎在《说文·叙》中说道："转注者，建类一首，同意相受，考老是也。"意思就是说，转注的文字，其意应基本相同，同属于一个部首之下，彼此可以相互解释，比如"考"和"老"字。"考"在古文中便有"老"的寓意。这样说起来，好像非常的不容易理解。举个例子：我们今天有个成语，叫作"如丧考妣"。在这里，"考"指的便是父亲，"妣"则指的是母亲。"考"在这里便有老的寓意在其中了。

在文字发展和使用的过程中，在原有的字形上，加入形符，这便是"形转"；在原有的字形上加入声符，这便是"音转";有的则是文字在使用的过程中,伴随着语言的丰富化,原有的文字演化出了新的意义,并随着语音上也相应地发生了一定的变化,这便是"意转"。

然而,无论是任何一种方式的转化,转注都对文字的产生与发生产生了积极的推动作用。转注使得原有的文字,或增加了声部,或增加了形部,使得文字的产生进入了一个全新的领域。

假借:许慎说:"假借者,本无其字,依声托事,令长是也。"意思就是说,在生活中,本来是没有这些字,由于需要,便会借用一些已经存在的文字来加以表示。比如"令""长"就是这样的字。

事实上,许慎这里所说的只是假借字的一种情况,也就是通常所说的"本无其字",借用了一些其他的同音文字来加以表示。还有一种情况便是,本有其字的假借。在使用的过程中,不使用本来就有的字,转而使用其他文字来代替。这种情况,也许在我们今天看来,根本就是错别字。可是早在秦汉时期,却十分的普遍,即使是后来,也并不罕见。大家还记不记得《岳阳楼记》里有一句非常有名的"浩浩汤汤"。此处的"汤"其实就是我们今天所写的"荡"。在此,便是一个明显的假借手法,而且是本有其字的假借。

  从最初的结绳记事，到后来的图画记事，再到六书造字，中华的文明依存着文字，在不断地演变与发展着。中国文字的源远流长，如同一位智者，从远古时代缓步走来。它承载着过去，也同样开启着未来。文字，作为文明传承的重要载体，直到今天，依旧在不断书写着新的中华文明……

第三章　有趣的汉字

中国文字的历史，可谓源远流长，前面我们已经讲了文字诞生的诸多传说，但是这些资料，或者来自民间传说，或者来自早期史料中的只字片语，更多的是后世之人的揣度与猜测，到底历史上是否确有其人，确有其事，我们已经很难再进一步考证。但是，无论如何，中国文字的一步步演变，却是真实可信的。

第一节　龟甲兽骨上的乾坤——甲骨文

提起甲骨文，相信大家一定不陌生，这种刻画在龟甲和兽骨上的古老文字，曾经无数次让世界各国的考古学家着迷。无数人为了能够破解甲骨文的文字，呕心沥血。但是，你们知道甲骨文是怎么被发现的吗？甲骨文在发生和发展过程中，有哪些有趣的故事呢？

甲骨文最主要的出土地点便是今天的安阳附近。在公元前14世纪左右的殷商时期，那里曾经是商朝繁华一时的都城。后来由于商纣王残暴无道，残害百姓，导致天怒人怨，以致周武王兴兵讨伐之时，商纣王的前线兵勇竟反戈相向。商纣王无奈，最后自焚而亡。中国的神话故事《封神榜》讲的就是这个故事。

商朝灭亡后，安阳便被弃为废墟。在隋唐时，安阳小屯一带更是已经沦落为墓地之用。一直到19世纪末的时候，当地的农民发现，这种龟甲和兽骨居然在治疗烂疮方面有奇效。当地人把这种龟甲和兽骨命名为"龙骨"。由于龙骨可以入药，且药效明显，于是，当地的农民便在农忙之余，便开启了一场轰轰烈烈的副业——挖龙骨。这种副业到了光绪末年，俨然已经快要成为当地人的主要职业了。

看到这儿，大家一定会觉得，龙骨被发现了，那么上面的文字一定也就随之大白于天下了吧。事实上，恰恰相反。虽然龙骨的药用作用得到了广泛的认可，但是龙骨上面的文字依然不为人知。大家关注的只是挖龙骨，卖给药店，换钱，根本就没有人去关心上面刻画的横竖道道到底是什么意思。甚至当地的农民发现，无论是古董商还是药店，都更喜欢要那些没有任何刻画痕迹的龙骨，于是，他们便主动用一些利器，将上面刻画的文字全都刮下去，以期自己挖到的龙骨可以卖个好价钱。不得不说，这实在是一种悲哀啊！

要说这个甲骨文，使其大白于天下的，根本就不是什么考古学家，而是一个名叫王懿荣的古董商人。他也是认出殷墟甲骨，并将其作为珍贵文物集中收藏的第一人。

据传，在清朝末年，有一个叫王懿荣的人，身患疟疾，请来了医生为他诊治。医生一顿望闻问切之后，便开出了一张方子，其中有一味药就是我们前面提到的"龙骨"。家里人拿了医生的药方，便跑去中药铺去买药。但是在准备煎煮的时候，家里人突然发现，这龙骨上好像有一些刻画的痕迹，细细辨认，仿佛是一些不认识的文字。家里人都觉得十分蹊跷，于是便将这些龙骨拿给王懿荣看。恰好王懿荣正是一个金石学家，且酷爱古董。这一看不要紧，王懿荣顿时觉得这可是一个难得的宝贝！后经长期的精心研究和辨认，认为这些龙骨上的刻

牛骨刻辞

画符号，应该是中国早期的古老文字。自此，王懿荣便开始留心市面上的龙骨，并掷重金加以收购，先后收得1500余片。

光绪年间，这些带有文字的龙骨辗转流入一个名叫刘鹗的文人手中。刘鹗通过多种途径先后购入4000余片的龙骨，加上之前王懿荣的1500余片，已经共计有5500余片的龙骨。光绪二十九年（1903年），刘鹗选取了1000余片的甲骨，编制成了《铁云藏龟》，这是我国第一部甲骨文著作，为后世研究甲骨文提供了难得的历史资料。

要说这甲骨文，也是到了该天下大白的时候了。

在古代，前文中所说的龙骨大多是用于占卜之用，使用者主要是当时的"文人"——巫师。他们将卜辞刻画在龟甲和兽骨之上。在使用时，利用火烧等方式致使龟甲或兽骨出现龟裂。通过观察裂纹的走向，从而对占卜之事进行预测解释。这种刻画在龟甲兽骨上的文字，便被命名为"甲骨文"，也被称为"契文""甲骨卜辞"。这是一种目前被认为中国有王朝概念后，存有的最古老的一种成熟文字。虽然说，甲骨是主要用来做占卜之用，但是其内容却并非仅仅涉及出征之类的军事内容。在殷商时期，人们无论大事小事，一律占卜，大到出征，小到日常生活的琐琐碎碎。之后再将占卜的起因与结果刻画在龟甲兽骨之上。这些甲骨所记录的内容涉及了殷商时期社会的方方面面，是当下我们探寻殷商文化，乃至西周文化的珍贵材料。

我们都知道，想要造字，是一个相当漫长的过程，我们今天所看到的数以千计的甲骨文，不会是在一天之内，由某一个人创造而成，而是从无到有，逐渐发展演变而来。同样，甲骨文最后的消失，也不是基于某一天的特殊事件，便突然消亡。甲骨文的文字，盛于殷商，而在后来的西周等时期同样延续了许久。可以说，甲骨文最初是来自古人对自然的描画，也同样凝聚着早期人类的智慧。

最初的甲骨文颇具象形的特征，许多的文字，我们依然可以从中看到自然景观或实物的轮廓。很多专家学者为了能够解密甲骨文，可谓是费尽了心思。对于大多数而言，甲骨文依然如同神秘天书一般，无法读懂，但是至少里面个别的字形，我们还是可以一窥究竟的。

图中的字，相信大家都可以看得出来，是个"山"字，同我们今天的山字字形极其形似，与自然界山峰的样子是不是也颇具相似的神韵？三座山峰，非常形象地勾勒出山峰重峦叠嶂的样子。而右图中的"日"字，则形象地将太阳的形状完整地表述了出来。与此相类似的，还有古代的"月""川""水""火"等。可以说，自然万物，都是初始甲骨文的描画对象。

正是由于甲骨文的出现，为我们今天探寻早期人类社会的文化与生活提供了宝贵的历史资料。

中华民族的文明史，正式进入了有章可循的阶段。

第二节　刻在钟鼎上的文字——金文

金文，又称为钟鼎文，并非在甲骨文消亡后，随后取而代之的一种文字，相反，金文与甲骨文曾经有过一段并驾齐驱、携手相伴的历史。

所谓金文，就是指那些刻画在钟鼎之上的早期文字，因此又被称为"钟鼎文"。这些文字，相较于甲骨文，更加质朴厚重，也更具艺术欣赏价值。

世界上最早的青铜器出现在古巴比伦的两河流域，而在中国，青铜器的出现，则出现在4000多年前。推算起来，应该当时正处于新石器时代后期。金文的发展，大约粗略地可以概括为三个大的历史阶段：殷商时期的起始期、周朝时期的鼎盛期和秦汉时期的衰落期。

早在殷商时期，我国青铜器的锻造工艺已经在当时达到了相当高的水平。不仅有我们熟知的鼎，还有各种酒具、食具、兵器等。其记载的内容，包括祭祀、诏书、征战、契约等，大至国家机器的运转情况，小到皇帝的恩赏，对当时社会的方方面面都有所记载。因此，这些刻在钟鼎之上的文字，可以说是今天我们了解中国早期社会不可多得的珍贵史料。

青铜器的大量使用，为金文的广泛使用与传播提供了物质基础。

说到金文，提到了青铜器，那就不得不说到后母戊方鼎，这件目前迄今为止世界上出土最大、最重的青铜器。

后母戊鼎

后母戊鼎铭文拓片

据说这个后母戊鼎是当时商王为了祭祀其母戊而铸造的鼎。鼎的内部铸有文字，也就是我们通常说的铭文。在早些时候，这些铭文是祭祀者与被祭祀者之间的连接。就好像，曾经一度，古人会相信，通过贴咒符、占卜可以实现凡人与神明的连接一样。之所以取名为"后母戊方鼎"，是因为，在鼎内铸刻的铭文中，有"后母戊"三个字。从图片的观察中，也许会产生疑问。这明明第一个是"司"，怎么又翻译成了"后"字呢？这其实还有个变名的典故。

早在甲骨文时期，古人的用字是比较自由且松散的，那个时候的"司"，也会被写成"后"。而从字面的意义上来理解，"后"也比"司"更加通顺。当时的学者认为"司"意为"祭祀"，"母"指的就是母亲，"戊"自然是母亲的名字。如果翻译成"司母戊"那么意思则为"祭祀我的母亲戊"。如果翻译成"后"则更为贴切。其中"后"在这里并非指的是某一位王后，意为"伟大、受人尊敬"之意。"后母戊"则指的当时商王将此鼎"献给我敬爱的母亲戊"。今天如果大家去国家博物馆看到此鼎的时候，下面的注解，写的便是"后母戊鼎"。

后母戊鼎，造型厚重端庄，纹饰秀美，工艺高超。

后母戊铜鼎

在鼎的两耳部位附有鱼形，中间附有虎噬人的图形。关于这虎噬人的图案，一说是为了凸显鼎之重器的威严与端庄，更能显现出皇室威严；另有一说，该图案恰恰说明了鼎在当时是用来祭祀之用。鼎在殷商时期最主要的功能是蒸煮食物。当时殷商曾有用活人祭祀的传统习俗。在之前出土的青铜器中，便曾经出现过里面装有大量人头骨的先例。据传是当时的战俘，被胜利的一方杀害后，用来祭祀之用。这在出土的殷商器皿中，也是有过先例的。

中国的皇室自古便喜好龙纹，理由自然不必说。意味着当朝的君主乃天之骄子，人间龙子。饕餮纹也是当时殷商比较常用的一种花纹。饕餮本来就是龙子，外形似虎，威风凛凛。同时饕餮还特别能吃，意为贪婪。说来说去，其实就是为了显示当朝君主的威严，神圣不可侵犯。后母戊鼎身上便铸有浮雕的盘龙和饕餮的图案，做工细致，造型精美，享有"镇国之宝"的美誉。

通观这些铸刻在钟鼎之上的铭文，其文字相较于甲骨文，已经明显有所不同。笔画更加的流畅、圆润，字形更为秀美。整体而言，刻画在钟鼎之上的金文，在殷商起始时期，由于还存在着和甲骨文并行的阶段。从字形上来看，此时的金文，依然还存有大量甲骨文的痕迹。异体字多，图画文字的痕迹明显，且大多用字环境宽松，也没有完全定型。字体大多瘦长，结构严谨。

金文的出现并未如同我们想象的，一经诞生，便飞速发展，事实上，直到商朝灭亡时，青铜器上的铭文也不过寥寥数十字。一直到了西周时期，金文才逐渐成为当时重要的记录文字。包括周天子狩猎、昭王南巡，大事小情，都开始成为记载的内容。等到了东周时期，金文作为钟鼎之器的刻录文字，与殷商时期相比，早已不可同日而语。此时的金文已被广泛应用，可谓金文的鼎盛时期。

下图中分别是西周成王时期的利簋拓片和战国时期的鄂君启节。利簋，听名字，完全不知道什么意思，但是如果说出另一个名字，就可以猜出七七八八了。这个青铜器又名"武王征商簋"。"武王"当然就是指当时西周的君主，而后面的"征商"也很明显，是西周进攻殷商，"簋"则是一种器具。总结一下，就是说，西周时期，西周和殷商打仗，打赢了。为了记录功劳，也为了祭奠祖先，特铸造了这个器具。

鄂君启节，则是当时的一种通行证。"君"是尊称，

"启"是鄂君的名字,"节"就是符节,是当时的一种通行证。

从两张图片上的文字对比之中我们不难看出,西周时期的金文,字形敦厚端庄,雄浑厚重,相较于从前的金文,已经明显更加具有书写成体的特征。而到了东周,金文则得到了更加进一步的发展。相较于西周时期,东周时的金文,更加的细长,文字也更具有艺术气息,从字体上来看,也更为圆润柔美,多曲形线条。同时,由于东周是周朝相对衰落的时期,此时诸侯割据,各地也都开始铸造青铜器,并在上面篆刻铭文。因此,虽然同是金文,但是各地的书写风格迥异,各不相同。总体而言,东周时期,以齐国为代表的东部,其文字书写更为瘦长,以文字严整俊俏为特色;以秦为代表的西部,则文字更近小篆;以楚国为代表的南部,文字颇具水乡风格,更为柔美圆润,华丽俊秀。

再后来,到了秦始皇统一天下后,便发生了我们都知道的历史事件"焚书坑儒",统一度量衡和文字。至此,金文由于使用范围的急剧缩小,渐渐淡出了历史舞台。

第三节 一面有文化的鼓——石鼓文

在东周金文盛行与秦朝小篆大一统之间，还有一种不得不提的文字，这便是刻石文字，其中最具代表性的便是石鼓文。

石鼓文是我国现存发现最早的刻石篆书。由于文字刻在了十个高约 1 米的大石头上，其形状与鼓十分相近，因而得名"石鼓文"。

石鼓文最早产生于周，流行于先秦时期。说起这面有文化的鼓被发现，经历还有点曲折，也算是命运多舛。

最早发现刻有文字的石鼓是在唐朝初期，在陕西天兴县被发现的，对应到今天的地理位置，大概就是今天陕西的宝鸡市附近。每块石头都大小类似，很像一面鼓。一共发现了十个，而且每面石鼓上都刻有文字，是一组四言诗。但是在当时，并没有什么人认识，只是觉得上面有字，没准是件文物。没有得到足够的重视，后果当然是惨重的。磨损、风化，各种保护不善，导致上面的石刻文字磨损严重。等到了晚唐的时候，这十个石鼓才被人从天兴县搬到了凤翔府，也就是今天的陕西凤翔县的夫子庙里。在五代十国的混战中，这十个石鼓又再次散落民间，不见踪影。

转眼间到了宋代，有个叫司马池的人，千方百计地从民间将这十块石头收集齐了，又重新放回了凤翔府内。后来，则被人从凤翔运送到了当时的首都东京，也就是今天的河南开封。再后来，宋朝日益衰落，金攻占了宋都，致使这十个鼓再次搬家，从东京又搬到了当时的燕京，也就是今天的北京。1937 年，抗日战争爆发，为了防止文物被盗，石鼓再次搬家，被当时的仁人志士运到了抗战后方。抗战胜利后，才被再次运回北京。一直到 1956 年，才面向公众展出。现存于故宫博物院。

由于对石鼓保存保护的意识与技术手段的问题，导致今天石鼓上的文字呈现出不同程度的磨损。十块石头上的文字，其中第九鼓上的文字已经完全无存，无法辨认。而其他九块石头上的文字也多有磨损。

这么大的十个宝贝，历代传承，可是，上面到底写的是什么呢？据考证，这石鼓上面所篆刻的文字内容是歌颂当时秦国国君外出游猎的场景，所以也被称为"猎碣"。 最开始，一些学者认为，这十面鼓上的文字应该是周朝时期所留，后经后代学者研究，推翻了上述说法。目前比较认同的是，这十面鼓上的文字应该是秦始皇统一全国之前，先秦所留。这十面鼓上所篆刻的文字，是属于一种介于古文与小篆之间的文字，又被称为"大篆"，是一种过渡性文字，具有承前启后的作用。

从这十面鼓上的文字来看，当时的先秦文字已经发展得相当成熟。整体上，排列整齐，多呈长方形。文字圆润浑厚，其形态端庄稳重，运笔力道均匀，刚劲有力，体现出了高超的艺术魅力。此时的文字，由于正处于一种过渡时期，可以明显发现，相较于从前的古代文字，现在文字横平竖直的文字特点，被更多地运用于写作之中。比如，石鼓文中的"王""车"等字。而在此之前的甲骨文、金文等，大多是圆弧形笔画，甚至几乎很难分辨笔画。石鼓文中，虽然依然不乏象形的文字存在其中，但文字的韵味却愈加浓厚。

先秦时期的文字，或者说大篆，并非仅仅体现在这十面石鼓中，事实上，石鼓文只是诸多石刻文中的一个类别。其他如碑刻、墓志等，也都是石刻文的一种，散存于我国的许多地方。从历史的角度来讲，石鼓文对于后世的绘画与书法影响较大，许多后代的书画家，如吴大澂、吴昌硕等，都是在研究大篆的基础上，将其字体

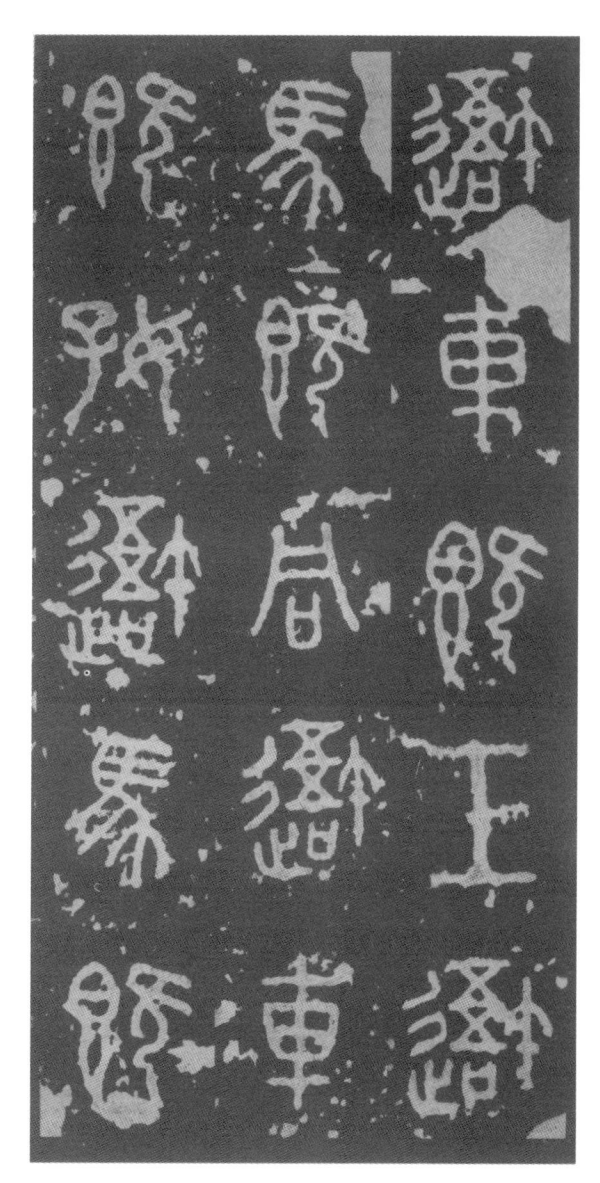

石鼓文

特色融于自己的书画作品之中，从而形成了独具特色的个人书画艺术特点。

石鼓文在中国的文字发展史上，上承金文，下启小篆，是研究我国古代文字发展的重要史料之一。

第四节　江山一统后的文字——小篆

公元前221年，秦国通过远交近攻的策略，终于完成了一统江山的千秋霸业，实现了大一统。公元前220年，秦始皇定都咸阳，建立了东至大海、西至陇西、南至岭南、北至河套的第一个中央集权的封建国家，拉开了我国漫长的封建王朝的序幕。

在秦始皇统一中国之前，由于是七国割据，各国各有自己的文字，即使是同一个文字，在不同的地区，也会有不同的写法。比如马字，在齐国就有三种写法，在楚国也有两种写法，更不要说放之七国之内，不知道要有多少种同字不同体的情况。刚刚统一后的秦朝，就好像是由七块铁板拼接在一起的一个地图，但是每块铁板的边缘都存在着各自的特性，无法真正地黏合在一起，形成一个真正意义上的版图。举个例子，如果是南方的佃户欠了北方债主的钱，写张借条，估计写完了，债主都不知道这欠条上写的是什么字。

文字的不统一，对于当时的秦朝而言，极大地影响了国家内部的经济、文化交流，最重要的是秦王政令的颁布与执行效果将大打折扣。当时的秦朝，迫切地需要一种黏合剂，将刚刚统一后的七国真正地黏合在一起，形成一个真正的国家。鉴于统治的需要，也为了更好地长治久安，秦王嬴政颁布了一系列的法令，比如统一度量衡、统一货币等，其中最为后世称道的，莫过于"车同轨、书同文、行同伦"。

所谓"书同文"，说的便是统一文字的问题，简单直

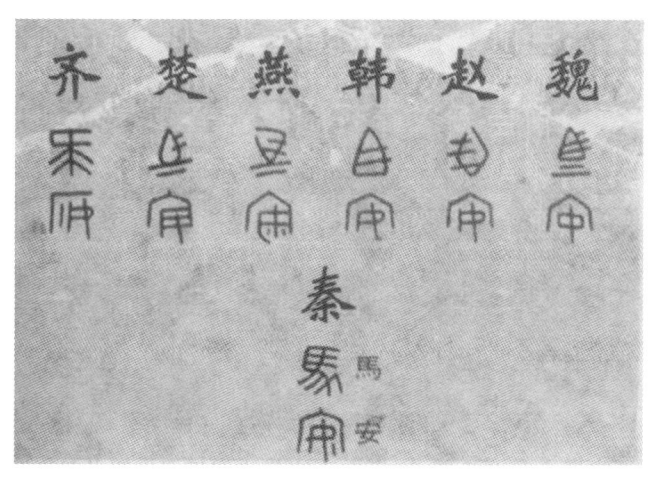

多字体的"马"

白地翻译过来就是"写同一种文字"。当时秦始皇建国不久，便令丞相李斯与赵高、胡毋敬等人，对国内现存文字进行了整理。针对六国文字特点，在先秦文字的基础之上，李斯创作出了一种新的字体——秦篆。这也就是后来我们所说的小篆。秦始皇应该算作中国封建王朝的教育改革第一人了。为了更好地宣传推广文字，秦王嬴政还特命李斯等人编制了《仓颉篇》《爰历篇》和《博学篇》这三本书，作为当时普及文字的课本。这在一定程度上，迅速将当时的秦字普及了全国，对举国上下的文化融合起到了重要的推动作用。

文字的统一，使得全国上下的语言也逐渐趋于统一。由于小篆在当时是秦国的官方文字，因此，在一些诏书、具有特殊意义的刻石，或者一些正式严肃的场合，使用的都是小篆。在今天，我们已经很难找到秦时小篆的字体了，据说峄山刻石便是出自李斯之手。由于小篆本来就是宰相李斯根据先秦文字特点创作而来，因此，大抵从这些刻石上，我们也可以一睹当年秦字的风采了。

从图中的刻石文字来看，我们可以清晰地看到，小篆的字体已经越来越趋近于现代汉字的书写特征。作为

峄山刻石

当时秦国的通用文字,小篆兼具了大篆的文字特征,同时在文字的书写上得到了进一步的发展。体态更为均匀,字体也更加容易书写,便于文字的使用与传播。在大篆的基础上,李斯化繁为简,对文字进行了规范化,使小篆越来越多地脱离了图画文字的特征。由于文字笔画的调整,使得小篆相较于从前,变得更加工整、规范,字形统一,笔画线条粗细一致。书写成文后,十分漂亮,端庄、典雅,强调对称与平衡,蕴含了中国人对自然万物的哲思。

秦朝的小篆,对我国后来的书法可谓意义深远。小篆是无数后世书法临摹爱好者的必选字体,大家在历史书中所学到的汉代的《石门颂》被誉为"楷篆",大书法家颜真卿的行书被称为"行篆",后来的黄庭坚等人的书法,也多受篆书影响。直到今天,篆刻依然是一项颇受书法爱好者推崇的艺术形式。

说到小篆,那么就不得不提到一本著作——《说文解字》。这本书是由东汉时期许慎所著。他将秦时的小篆作为标准字体加以收录,是我国历史上第一部文字学著作,更是从古至今最完备的一部小篆字典,为后世对小篆的研究提供了宝贵的历史资料。

从中国文字的发展角度来看，如果一定要给中国的文字，设定一个里程碑，那么秦时的小篆无疑是这个里程碑的重要标志。至此，中国文字的古代部分，已经走到了尾声。

在小篆之前，我们可以看到，文字多以圆润为特征，几乎无法辨别笔画，也没有办法看出下笔的顺序。然而，为了便于书写，同时兼具美观，李斯在小篆的创造过程中格外注重了书写的便宜性，使得小篆成为古文字与今文字的重要分水岭。在小篆的文体中所逐渐出现的横平竖直，在后代的文字演化过程中，得到了进一步的发扬光大。而一些图画特征的笔画，则被进一步简化，并逐渐淡出了历史舞台。同时，小篆在推广普及的过程中，还特别废除了一些原有的异体字，固定了偏旁与文字结构的位置，使得中国的文字从最开始的书写较为随意松散，逐渐过渡到现在方块字的基本模型中来。

自小篆之后，中国的文字进入了历史新篇章，拉开了现代文字的帷幕。

第五节　中国今文字的诞生——隶书

首先，我们要在这里澄清一个问题。并非隶书是接替小篆之后而出现的新兴字体。事实上，隶书与小篆在中国的历史上曾经并行出现并使用过。何为"古"，何为"今"？这本身就是相对而言。从文字的结构上来看，过去的文字，虽然在不同的时代，文字各有特色，但是可以比较清晰地看出，文字依然属于相对散乱的状态，稳定性欠佳。汉字字体和结构从篆书到隶书变化的过程，学术界称之为"隶变"。自隶书开始，中国汉字开始脱离了象形特征，符号特征愈加明显。中国文字的形态逐渐趋于稳定，横平竖在书写的笔画运用中被进一步推广开去。

从前面我们已经知道，汉字发展到了秦朝时期，小篆已经开始逐渐在秦朝国内推广开来，并成为秦朝当时的官书书写字体。当时秦朝的一些官方公文，统一都是由小篆书写而成。但是一国之事，何止是区区数笔便可沟通完的。事情一多，需要书写的公文就多。而小篆呢？笔画相对比较复杂，虽说摆脱了一些原有文字的图画特征，但依然以弧形居多，书写起来，为了保持美观，很是累人，而且不同的人，书写的手法、力度不一样，文字的美观和规范大打折扣。为了更好地便于沟通与交流，一种新的、被简化的字体应运而生——隶书。

说起隶书的产生，还颇具传奇色彩。

当时秦国初定，秦始皇大刀阔斧地推行改革之后，公文汇报的内容也开始变得五花八门。时间一长，撰写公文的官吏便开始觉得吃不消了。当时秦国有一个叫程邈的人，因为得罪了皇帝，被投到大狱之中，足足关押了10年。一般人被投入大狱，也就心如死灰，过一天算一天了。可是，程邈不甘自生自灭。作为一名知识分子，在牢狱之中，漫漫长夜，总得给自己找点事儿啊！看书、写字、创作文章这种事情，显然是不切实际了。于是，他便开始研究上了文字。

他开始不断地增加、删减、调整大篆的笔画，开始对篆书进行改良。中国有句古话：机会都是留给有准备的人的。程邈在狱中"不安分"的事儿，被狱卒层层上报，传到了秦始皇的耳朵里。也是程邈命不该绝，秦始皇不仅没有责备他不思悔改，反而对他研究文字的事情大为赞赏，居然释放了他，而且还要他重新入仕，让他担任御史，专门对文字进行修订。程邈也算是因祸得福，从一名狱中犯人，摇身一变，竟成了朝廷御史。

程邈上任后，便彻底一头扎到了文字研究的工作中。他仔细研究了当时一些流行的字体，化繁去简，改圆转为横折，大量使用横竖笔画。这使得文字的书写速度大大得以提升，隶书被逐渐广泛应用，推广开来，并对后世的文字的发展与演变起到了重大的影响。

隶书在产生与发展的过程中，又可分为"古隶"和"今隶"。所谓"古隶"，指的就是先秦时期，以及秦朝早期阶段时所使用的隶书，大多用于非正式场合。由于主要使用阶段是秦朝前后，因此又被称为"秦隶"。而到了汉代，隶书已经被越来越多地应用于日常生活中，隶书的字体也日益趋近于现代的文字，因此，汉时的隶书又被称为"今隶"或"汉隶"。所以这里所指的"汉"，是汉朝的汉，可不是汉族的汉哦！

从前面我们可以看出，隶书其实并不是始于秦朝，而是早在先秦时期就已经出现了，只不过到了秦朝得到了规范和更大的进步和发展，到了汉代，俨然已经是隶书的天下。东汉时期，隶书碑文被流传下来的，便有170多种，其中，《张迁碑》《曹全碑》是汉隶时期的巅峰之

张迁碑

曹全碑

作。虽字形相似，却各有风骨，各具风骚。此时的许多汉字，对于今天的我们而言，可识别度已经很高。这也充分说明了，隶书的书写已经明显脱离了象形特征，更具抽象意义。

隶书作为中国文字的重要发展阶段，虽在东汉达到了顶峰，却也难逃花无百日红的命运。东汉末年，隶书衰落迹象明显。在魏晋时期，隶书在书写中，多会糅杂楷书的特征。隶书逐渐向一种新的字体过渡——楷书。直至清朝，隶书再次为诸多书法爱好者所推崇，涌现出了一批隶书书法大家，才使得隶书重现荣光，再次立于书法艺术之林。

第六节　沿用时间最长的文字——楷书

东汉时期，伴随着隶书的逐渐沉寂，一种新的字体应运而生。它书写更为流畅、便捷，字体结构更为稳定、规范，这便是后来绵延数千年之久，直至今日依然在被使用的——楷书。

楷书诞生于汉末，在魏晋南北朝时期得以发展，待到唐时便已规范定型，并被沿用至今。可以说，楷书对于今天的我们而言,是最不陌生的一种字体。随便翻看一张报纸,上面都可以找到楷书的字体;打开电脑,中文输入法中,同时拥有华文楷体、华文行楷、标准楷体等细化后的楷体。更不要说满街琳琅满目的商场酒店的名称、指示路标以及各种宣传材料。

楷书从汉末开始,延续至今,上千年的历史,使得它成为一名中国文字发展的见证者,成为目前所有字体中沿用时间最长的一种字体。

楷书讲究的是字体方正端庄,笔画横平竖直,规范且有条理。犹如做人一般,要品行端正,举止端庄。因此,楷书又被称为正书、正楷。千百年来,中国人将为人处世的哲思与感悟融入每一个中国汉字之中,使之成为一种文化血脉,流淌在中华民族千年历史之中。

我们都知道,任何一种字体的更迭,都不是一日之间的事,必定有一个相对漫长的过渡期。楷书成为正式文体也同样经历了这样一个过程。

最早的楷书大家是三国时期的钟繇。

他潜心研究文字,细致钻研。当时正值隶书向楷书转变的过渡时期。一方面,钟繇积极汲取民间新字特征,潜心思考;另一方面,则尝试将新字的特点融于现有的文字中，使得现有的文字在书写上更具实用性和艺术性。在他的推动下，楷书逐渐成为一种新的书法形式被确定下来。因此，钟繇也被后世尊称为"楷书鼻祖"，可见其在楷书发展史上的地位是何等的举足轻重。

尽管此时的楷书已渐成气候，但终究处于发展前期，许多的楷书在书写上依然呈现出字体结构扁宽的特点，隶书特征明显。

魏晋南北朝时期，统治阶层昏庸无能，致使朝纲衰败，战乱频繁。许多的文人雅士纷纷躲避战乱，寄情于山水之间。他们在思想上积极寻求解放，自由浪漫，既有看破世俗的无奈，也有对大好山河的热爱。在表现上，便是文坛才子的大量涌现和艺术表现手法的不断精进。这些文人墨客将自己的满腔热情投入到了艺术创作中，书法成为当时抒发个人情感、追求个性解放的一种重要途径。此时成为我国书法发展史第一个发展高峰期。

魏晋南北朝时期之后的隋朝，在经历了短暂的统一之后，便为唐朝所取代。唐朝的统一与政治上一系列强有力的政策，使得中国成为当时富甲一方的国度。同时由于之前的战乱纷争，民众消极避世，许多地方，佛教、

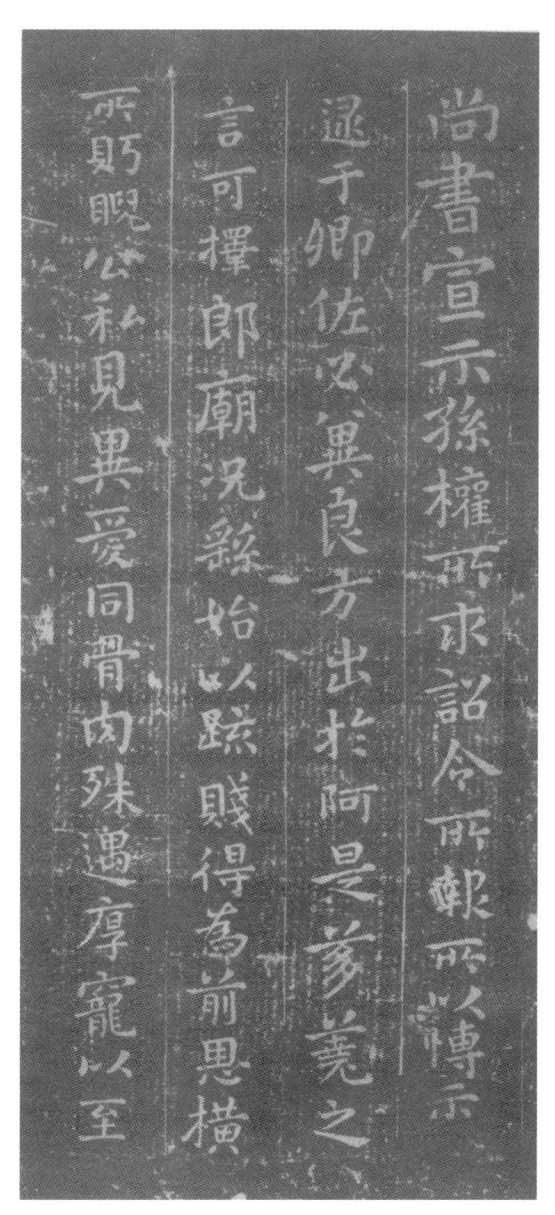

钟繇楷书《宣示表》

颜真卿楷书《多宝塔碑》

道教的兴起，使得人们对玄学开始加以关注。为了巩固统治，当朝的天子成为宗教普及最有力的推动者。由于宗教在许多方面给予人们精神上的慰藉，并具有安抚和稳定政局的辅助性作用，当朝的统治者更加愿意去发展宗教，传播宗教。这也可以解释，唐代为何会佛教盛行。其中最为人们所熟知的莫过于武则天对于佛教的大力推崇。由于佛学经卷的传播需要，致使教义的抄写和传送成为一种当时非常重要的职业。而抄写经文的文字便也随之得到了重视与发展。

从历史的角度来看，唐代可谓楷书的鼎盛时期，也是书法发展史的第二个发展高峰。唐代的繁荣富庶，使得人们能够对艺术投入更多的精力去研究与发展。此时的楷书可谓发展到了登峰造极的地步。书法大家技法娴熟，且独具特色。唐代涌现出了大批的书法大家，如欧阳询、颜真卿、柳公权等，直至今日，依然耳熟能详。他们的楷书各成一派，各具风骚。后世许多书法爱好者所临摹的楷书也多出自唐时字帖。

唐之后的宋元时期，楷书继续得以延续和发展，规格更为严谨规范，书法爱好者也更加强调对美感的个性化理解。

清朝时期，邵瑛所著的《间架结构摘要九十二法》可谓当时楷书的集大成者，它系统地描述了楷书书写的架构方法，成为后世学习楷书的书法教材，直至今日，依然颇具影响。

第七节　应运而生的文字——行书与草书

如果一定要把文字比作一个人的形态，那么楷书就是一个人行动时端庄稳重、不疾不徐的样子；行书，则可以理解为一个人行走时的样子；草书，则如同一个人在疾步而行的样子。

很多时候，会有人认为，行书与草书的诞生是因为楷书的没落，在楷书之后应运而生的文字。事实上，从文字发展的角度来讲，很难特别精准地界定出楷书与行书、草书之间的时间节点。在文字从小篆向隶书进行转化的过程中，文字结构在不断趋于稳定，而楷书、行书、草书三种字体也同样存在一个并行的过程，在不断地酝酿和发展之中。三种字体之间，既相互独立，各有千秋，却又彼此依存，相互融合。比如，行书与草书在发展过程中，由于其中笔画的相互借鉴，从而形成了"行草书"。

现在，我们普遍认为，行书起始于东汉时期，成熟于魏晋时期，直至今日，依然在不断地发展和运用中。

楷书端庄持重，但难免在书写的过程中，相对花费的时间也最多。横平竖直，一笔一画，容不得半点的疏忽。行书则是介于楷书与草书之间的一种字体。行书与楷书最大的不同在于对笔画结构的处理。楷书，可谓汉字中的"楷模"，笔画与笔画之间，绝无藕断丝连的现象，非常适合我们今天所说的公文写作。而行书最大的改变便在于，点横之间看似断裂却又藕断丝连。使得文字在不同的人手中，展现出不一样的风貌。运笔的不同，使得行书更加的俊逸飘洒，愈加灵动。在书写速度上，行书有别于楷书的一笔一画，书写速度更为迅速。同时又比草书更容易为人辨识。由于行书兼具书法艺术与现实使用的双重特点，使得它自诞生之日起，便备受各代书法家的宠爱。其中最为世人所称道的，莫过于东晋时的"书圣"——王羲之。他的《兰亭序》历来为各代书法爱好者所推崇。

据传，《兰亭序》全文共有二十余个"之"字。细观之下，竟无一相同。通篇行书，为后世形容为"矫若惊龙，飘若浮云"。《兰亭序》也被誉为"天下行书第一"，

王羲之行书《兰亭序》

可见其书法造诣之深。传闻，王羲之在酒醒之后，想要再次写出一模一样的《兰亭序》竟是不能。

然而，也正是由于这个天下第一，今天王羲之的《兰亭序》真迹已经无从找寻。曾经有传说，唐朝李世民当政时期，王羲之的《兰亭序》真迹辗转到了皇宫内院。李世民得到后爱不释手，命令手下诸多文人临摹抄写学习。这使得王羲之的行书一时风头无二，声名大噪。李世民死后，曾命其子将《兰亭序》真迹予以陪葬。又有传闻，其子并未遵循遗诏。真真假假，无处可查。总之，王羲之的《兰亭序》真迹消失了，留给世人的，只是无数文人墨客的临摹赝品而已。

伴随着行书的不断发展与应用，草书作为一种更为彰显个性、急速、便捷的字体，逐渐跃入广大书法爱好者的眼中。

提起草书，大家可能脑海中不免浮现出这样一幅画面：文人悬腕握笔，挥毫泼墨，一副气吞山河之势。笔下字如涌泉，汩汩而出，顷刻间，一纸佳作完成。再细看……一个字都不认识！要不然，怎么说行书是走路，草书是跑路呢！

事实上，草书并非潦草不羁，也是有章法在其中的。

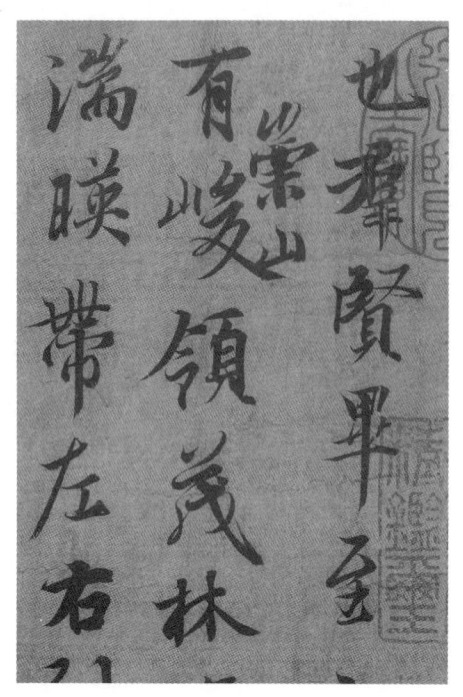

《兰亭序》放大图

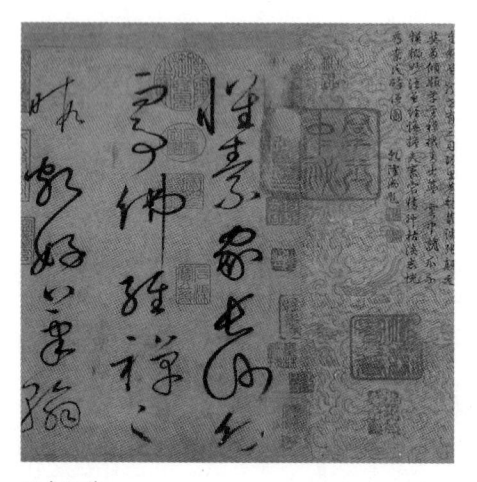

怀素狂草

草书又被分为章草、今草两种。今草中，最为人们所了解的，莫过于狂草。

章草产生的最早，是隶书的草写体；今草则次之，是楷书的草写体。狂草则重在"狂"字上，是今草的一个重要分支。狂草已经不是某种字体的草写体了，完全是艺术家的创作范畴了。狂草在识别上，具有较大的难度，在实用性上大大低于前者。

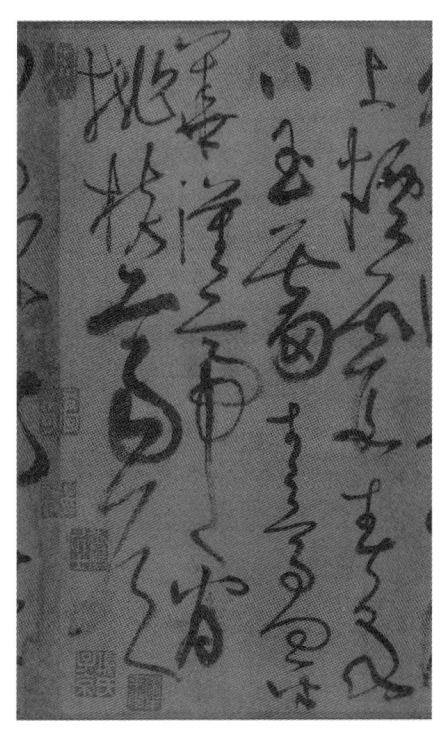

张旭狂草

所谓"草",一方面指的是字形。与当时正规用字的比较而言,草书强调运笔急速,笔画连绵,字体的形体与结构发生了一定的改变。这与长久以来官方用字的正规严谨恰恰相反。因此,可谓"草",不正规。另一方面,"草"也体现在使用的范围。我们在前面已经说过,隶书诞生后,大多用于官方途径。在使用的过程中,逐渐向下延伸,文字也逐渐为了使用的便捷而演化出章草。在使用的范围上,草书也由于书写速度迅速,而更多地运用于起草文件、快速记录事件等方面。当时,正式的官方用字依然是隶书。

草书同楷书与行书一样,汉时便已酝酿产生,直到魏晋时,逐渐盛行。章草结合了汉隶的特点,虽运笔急速,却依然保有汉隶的端庄典雅,字体独立,且相对扁宽。到了汉末,章草逐渐褪去了隶书的字形特点,更加开放,富有个人特点。字体之间笔势连绵较多。一些偏旁部首、字体结构也被逐渐简化,与早期的章草已经有了明显的不同。因此,此时的草书又被称为"今草"。到了唐代,文人墨客的涌现,使得草书也得到了进一步的发展。笔势连绵起伏,成为文人彰显个性的重要体现,因此,又被称为"狂草"或"大草"。在唐代便出现了以张旭、怀素为代表的"狂草"艺术,其草书常常是一气呵成,笔势不断,上下贯通。

从古到今,一路走来,我们可以清晰地看到,隶书的稳重肃静,楷书的端庄典雅,行书的行云流水,草书的豪放不羁,无一不是在彰显着中国文字内在的博大精深。无数的文人墨客,由于文字而流芳千古,鲜活地存在于历史长河中。中国文字,如同一颗颗璀璨的明珠,在中华文明的发展史上,皎若银河,熠熠生辉!

第四章　中国文字大家庭

中华文化源远流长，汉字作为中华文化的载体与见证者，在传承中华文明的进程中，有着不可磨灭的伟大功绩。提到中国文字，我们往往首先想到是甲骨文以及铸在青铜器上的金文或者竹简上的小篆等。然而无论是商代的甲骨文还是殷周的金文，都属于汉民族的古文字。

我国著名哲学家、历史学家任继愈先生在《汉字为中华民族立了大功》一文中说："汉字是中华各民族各地区共同使用的交流工具。汉字对中华文化、对中华民族、对几千年的中国政治等多方面的功绩值得引起高度关注。"又说："如果没有一种通行的文字，中央政令不能通行全国，中国将分成多个国家。……正是由于我国是多民族统一的大国，才能顶住外来各种侵略势力，打退入侵的日寇。我们这个综合国力来自多民族的统一大国，汉字是不可缺少的联系纽带。"正是由于有了统一使用的汉字，我们的文化得以广泛流传下来，各民族之间可以依靠统一的语言相互交流、学习。汉字作为全体中华民族共同使用的最主要的文字，承载着世界上最多的文化典籍，构筑了中华民族集体记忆的丰厚宝藏，对世界文明做出了巨大贡献。

第一节　中华文字知多少

我们都知道，中国是一个多民族的国家，在中华大地 56 个民族的大家庭中，能够承载本民族悠久历史、传承民族文化的文字并非只有汉字一种，许多民族都拥有自己的文字。这也使得中国成为文字种类最丰富的国家之一。我国众多的少数民族文字，是中华民族文化多样性的有力见证，也是中国文字大家庭的重要组成部分。

那么，到底中国有多少个少数民族使用自己本民族的文字呢？中国境内有 56 个民族。其中，汉、回、满 3 个民族通用汉文，蒙古、藏、维吾尔、哈萨克、柯尔克孜、朝鲜、彝、傣、拉祜、景颇、锡伯、俄罗斯 12 个民族各有自己的文字。这些文字多数都有较长的历史，如彝文、藏文有上千年的历史，蒙古文、维吾尔文、傣文等也有几百年的历史。其中蒙古族使用一种竖写的拼音文字，这种蒙古文通用于蒙古族地区。居住在新疆的蒙古族还使用一种以通用的蒙古文为基础适合方言特点的拼音文字。云南傣族在不同地区使用4种傣文，即傣泐文、傣绷文、傣那文、金平傣端文。因为蒙古族使用两种蒙古文，傣族使用4种傣文，回族和满族使用汉文，所以上述15个民族共使用17种文字。此外，傈僳族中大部分信仰基督教的群众，使用一种用大写拉丁字母及其颠倒形式的字母拼写傈僳语的文字，还有维西县的一两个区使用当地农民创制的傈僳音节文字"竹书"。云南省东北部一部分信仰基督教的群众使用一种把表示声、韵、调的符号拼成方块的苗文。云南佤族中信仰基督教的少数群众使用拉丁字母形成的佤文。壮族、白族和瑶族的群众中，还有一部分人使用在汉字影响下创制的方块壮字、方块白文和方块瑶字。综上所述，在中华人民共和国成立前，已使用文字的民族有21个，文字种类有24种。除以上列举的文字以外，还有一些在历史上用过、后来停止使用的文字。这些文字是突厥文、回鹘文、察合台文、于阗文、八思巴文、西夏文、东马图画文字、东巴象形文字、水书、满文等 17 种。这 17 种在历史上曾经使用过的文字，加上现在使用的 40 种文字，共有 57 种。①

（中文）　我 是 中 国 人
　　　　　我 是 中 國 人 ①

（蒙古文）ᠪᠢ ᠳᠤᠮᠳᠠᠳᠤ ᠤᠯᠤᠰ ᠤᠨ ᠬᠦᠮᠦᠨ

（藏文）ང་རྒྱ་ནག་པ་ཨིན།

（维吾尔文）مەن جۇڭگولۇق

（哈萨克文）مەن جۇڭگولىقپىن

（朝鲜文）나는 중국사람입니다

（彝文）ꉠ ꆹ ꍏ ꇩ ꌃ

（壮文）GOU DWG VUNZ CUNGGUEK

多种文字"我是中国人"的写法

---

① 中国大百科全书·语言文字分册.中国大百科全书总编辑委员会语言文字编辑委员会编.中国大百科全书出版社.1988.520—521.

第四章　中国文字大家庭 | 103

"众多的少数民族文字,是中华民族文化多样性的有力见证,也是中国文字大家庭的重要组成部分。"每种文字的诞生、发展与消亡,都有其自身规律,但在它存在的时刻,它始终担负着记录和传载的功能,也折射出不同民族的审美习惯和生活方式等深层次的文化内涵。

第二节 马背上的文字——蒙古文

一提起蒙古族,大家最先想到的应该是"马背上的民族",蓝天白云之下,身穿民族服装的人们纵横驰骋在辽阔草原上的美好景象。蒙古族主要聚居在我国内蒙古自治区,还有部分居住在新疆、甘肃、青海等地。"蒙古"的意思是"永恒之火",最早出现在《旧唐书》和《契丹国志》中的"蒙兀室韦"。"蒙古"的汉文译写始见于元代文献。13世纪,蒙古乞颜部落的首领铁木真逐渐统一了蒙古各部,建立起蒙古汗国,"蒙古"也就由原来的部落名称变为整个民族的共称了。

蒙古文字是用来书写蒙古语的文字。在蒙古族发展的历史进程中,曾使用过回鹘文、回鹘式蒙古文、八思巴文及托忒文等文字。而其中使用时间最长、范围最广的就是回鹘式蒙古文。传统蒙文是在回鹘（古维吾尔）文字母基础上形成的。早期的蒙古文字母读音、拼写规则、行款都跟回鹘文相似，称作回鹘式蒙古文。

回鹘式蒙古文最初形成于13世纪初，《元史·塔塔统阿传》一书中记载了这种文字创制的过程。1204年，蒙古人征服了乃蛮部落并俘虏了乃蛮国师——畏兀儿人塔塔统阿。因他深通回鹘文字，铁木真遂命令他创造蒙古文字。早期的蒙古文字是在回鹘文字母基础上创制的，正字法中的部分原则也直接来自回鹘文，故至今学术界也常称之为"回鹘式蒙文"。回鹘式蒙文在使用过程中也在不断的改进、不断的调整而更加规范。我国现行的蒙古文就是由改进后的回鹘式蒙古文发展而来的，它的优点是具有包容性，无论说何种方言的蒙古人都能很容易掌握。

现行的蒙古文字母有33个，其中表示元音的有7个，表示辅音的有26个，字序从上到下，行序从左到右。蒙古文在词的第一音节都以元音字母开头，后续的音节都是以辅音字母开头。标点符号方面，保留了回鹘式蒙古文的一些符号，另外还增添了分号、冒号、感叹号等。

蒙古文《蒙古秘史》

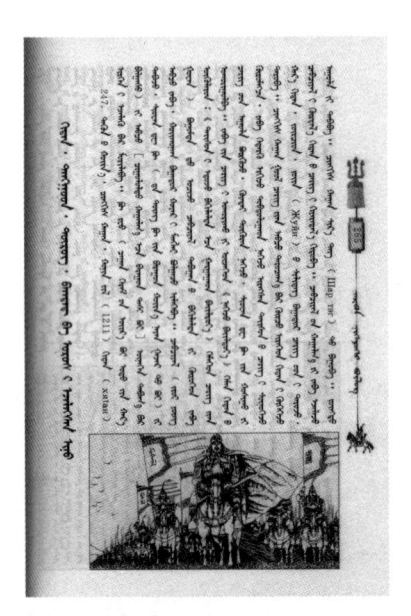

《蒙古秘史》(蒙古文)

根据1979年《全国蒙古古旧图书资料联合目录》著录，在国内60余家图书馆中，收藏的1949年前国内出版或抄写的蒙文图书资料约1500余种，7000余册。内容涵盖政治、军事、经济、法律、教育、文学、艺术等十几大类。在蒙文史籍中，最重要的有《蒙古秘史》《蒙古黄金史纲》和《蒙古源流》三书，被称为蒙文的三大典籍。其中以《蒙古秘史》最为闻名。该书是蒙古族现存最早的一部历史文学典籍，作者已不可考。从成吉思汗二十二代先祖孛儿帖赤那写起，直到窝阔台罕十二年（1240）为止，共记载了蒙古民族约五百年的形成、发展壮大的盛衰成败的历史。这本书的原文已经不可考，但在明代初年有汉文本流传，清代经众多学者或著录校勘，或刊刻印行，或研究版本，推进了对于此书的研讨。从19世纪起，该书先后流入俄国、日本，并被翻译成多国文字，广为传布，引起各国学界重视，研究蔚然成风，形成了国际性学科——蒙古秘史学。

第三节　分支最多的文字——傣文

如果给你几个词语："泼水节""孔雀舞""大象"，你会猜到是哪个少数民族吗？没错，就是我们今天要介绍的，在56个民族的语言中拥有最多语言的"傣族"。傣族主要居住在我国云南省西双版纳傣族自治州、德宏傣族景颇族自治州及耿马、金平等县市，又称泰族、掸族等，民族语言为傣语。"傣族"之"傣"意为"酷爱自由的人"。

傣文由古印度的婆罗米字母演化而来，并随着佛教的传入而产生。老傣文根据所在区域的不同分为四种，西双版纳地区的傣文称为"傣泐（lè）文"，德宏地区的傣文称为"傣那文"，金平地区的傣文称为"傣端文"，耿马、澜沧地区的傣文称为"傣绷文"。

傣泐文是在泐地的傣族所使用的文字，因为古代的傣族称西双版纳为"泐"，傣泐文也因此而得名。这种文字的产生过程非常神奇。相传这种符号是由一个做饭的人发明的，他在炉火旁用吹火筒，时间长了，吹火筒上的炉灰在地上印出了一些痕迹，所以就形成了圆形和半圆形的符号，这些符号就构成了傣泐文的字母。傣泐文来源于古印度字母，也属于拼音文字。共有56个字母，其中7个元音字母，1个元音兼辅音字母，48个辅音字母。从外表上看属于圆形字体，由半圆形组合、颠倒或

三只鹦鹉（傣绷文）　　在草坪地里玩
（西双版纳傣文）

两小儿辩日①

孔子东游，见两小儿辩斗②，问其故。

一儿曰："我以③日始出时去④人近，而日中⑤时远也。"

一儿以日初出远，而日中时近也。

一儿曰："日初出大如车盖，及⑥日中则如盘盂(yú)⑦，此不为远者小而近者大乎？"

一儿曰："日初出沧(cāng)沧凉凉⑧，及其日中

---

①本文选自《列子·汤问》。②辩斗：辩论，争论。③以：认为。④去：离。⑤日中：正午。⑥及：到。⑦盘盂：盛物的器皿。圆者为盘，方者为盂。⑧沧沧凉凉：形容清凉的感觉。沧沧：寒冷的意思。

语文（德宏傣文）

第四章　中国文字大家庭 | 109

侧转而成。傣泐文按照从左至右的顺序书写，音节之间有空格，词与词不连写。傣那文主要在德宏傣族景颇族自治州的傣族群众中使用，大约创制于14世纪。因为当时居住在怒江上游的傣族与汉族杂居，因此深受汉文化影响，形成了略带方形的傣那文。傣绷文与傣那文类似，是傣那文的前身，曾被称作"怒江下游的傣文"。因为目前使用人数较少，主要靠佛寺中的和尚进行传承，现已被列入云南省第一批省级非物质文化遗产名录，称为濒危民族语言文字。傣端文是云南金平县的部分傣族所使用的文字，"傣端"是当地傣族人的自称。傣端文的字母和符号与其他三种不同，以带棱角的笔画为主，以直线和半圆笔画为辅，字母形态较长，因为使用人群较少，也被列为濒危民族语言文字。

　　傣族历史悠久，在流传下来的文献中，以傣泐文文献最为丰富。傣泐文写成的《泐史》一书是其中最重要的傣族历史文献。这本书的傣文书名为《囊丝本勐》，即"地方志"，汉文翻译为《泐史》或《勐泐古事》，表明本书记载的是西双版纳地区的历史。这本书记载了从南宋淳熙七年（1180）到1949年前，西双版纳地区的傣族近九个世纪的历史概况，是研究我国西南地区傣族史和民族关系史的重要文献。是由明朝时期的车里军民宣慰使、当时的傣族族长刀坎用傣文记载本民族的历史，在他之后接任的宣慰使继续记录汇集而成。

第四节　一人独创的文字——傈僳文

中华人民共和国成立之后，在20世纪50年代，国家先后帮助壮、布衣、彝、苗、哈尼、傈僳、纳西等10个民族制定了以拉丁字母为基础的文字。这些民族的文字在20世纪初大多数由西方传教士创制，主要用于宗教活动，现在已经大多不再使用了。

老傈僳文是由西方传教士创制的拼音文字，以拉丁文字母为基础，主要通行在信基督教的群众之间。此外，傈僳族还有一位名叫汪忍波的人于20世纪20年代创制了"竹书"。汪忍波是一个普通的傈僳族农民，在20世纪初，傈僳族还处于使用刻木、结绳记事的方法记录的状态，苦于记录不便，汪忍波就开始了竹书的创造。起初的文字刻在硬石板上，后来刻画在竹片上，被称为"竹书"。竹书共有87个字形，其中相同的字形54个，不同的字形有33个，大多为结构比较简单的符号。汪忍

德宏傈僳族风俗歌集成（傈僳文）

波用它编写了《识字课本》，并在傈僳族民众中进行推广。20世纪50年代，他所创制的文字通行于维西县的几个乡镇，有神话、诗歌等手抄本传世。但目前，精通竹书的人已屈指可数。

第五节　象形文字的"活化石"——东巴文

纳西族是云南特有的少数民族，主要分布于云南省丽江市纳西族自治县及周边地区，四川、西藏等地区也有分布。纳西族也是一个有着悠久历史的民族。东晋《华阳国志》一书中就已经记载了纳西族先民的一些活动。当时的纳西族被称为"摩沙夷"。根据居住地的不同，云南丽江等地的纳西族自称"纳西"，四川盐源等地的纳西族自称"纳汝"，汉文的古籍中还称他们为"摩沙""么些"。纳西族有自己的原始宗教——东巴教，他们使用的文字是一种表意的象形文字——东巴文。东巴是纳西语的音译，意为"智者"，一般从事纳西族传统宗教并通晓经书的巫师或祭司称为"东巴"。因此，东巴文最早是掌握在东巴经师的手中，一般用来撰写东巴教的经书。

最初的东巴文是刻画在木头和石头上的，后来由一

东巴文《创世经》

个个图案逐渐发展为象形文字。纳西族人民称东巴文为"森究鲁究",翻译过来就是"木石上的痕迹"。关于东巴文的创制有一个美丽的神话故事:一个汉族人、一个藏族人、一个纳西族人约好到天上找天神取经,结果汉族人和藏族人先走了,纳西人东巴戞拉落在后面,等他前去追赶时,汉人和藏人已经把经取回来了。东巴戞拉虽然没取到经,但是后来他通过看到山就画山、看到人就画人的方式,逐渐创制了东巴文字。东巴文是象形文字,介于原始记事的图画文字和记录语言的表意文字之间,与原始的单线条图画类似,看起来毫无关联,其实每个图形有自己的固定读音和写法。由象形符号,通过假借和形声造字法标音的符号以及附加符号组成。东巴文创始于唐代,至今已有一千多年的历史,大约有1500个单字,至今仍有纳西传统文化的传承者——东巴祭司能识读,并且还在民间使用着。被当今学者们认为东巴文比巴比伦楔形文字、古埃及圣书文字、中美洲玛雅文字和中国甲骨文字显得更为原始古朴,被视为全人类的珍贵文化遗产。东巴文是目前世界上唯一仍在使用的象形文字,是研究人类文字起源和发展的"活化石"。2005年,东巴古籍被联合国教科文组织列入《世界记忆名录》。

东巴文著作主要以经文为主。据学者统计，国内外收藏的东巴经在2.6万册以上，1400种左右。东巴经内容丰富，除了记载迎神祈福、驱鬼镇魔等宗教仪式，还涉及语言文字、历史地理、生产活动、文学艺术、天文历法等多方面，是我们研究和了解纳西族古代社会的百科全书。其中，被誉为东巴文化"三颗明珠"的纳西族三大史诗：创世史诗《创世经》（这本史诗上半部分用东巴文写成，下半部分用汉语翻译，两相对照，便于人们认识东巴文）、英雄史诗《东埃术埃》（又名《黑白战争》）、悲剧长诗《鲁般鲁饶》。这些作品都是记载在用纳西象形文书写的东巴经里，由经师口头相传。由于东巴经里的作品是用尚未完全定型的象形文字记录的，还有赖于心记口诵，各地本子所载的故事又详略参差，情节互有错置，内容较为零乱。因此这些长诗在流传过程中不断丰富和增益，历时多年得以成书。这些著作，也成为我们研究纳西族语言文字、社会历史、宗教习俗、文学艺术以及民族关系的珍贵文献，在国内外学术界受到广泛重视。

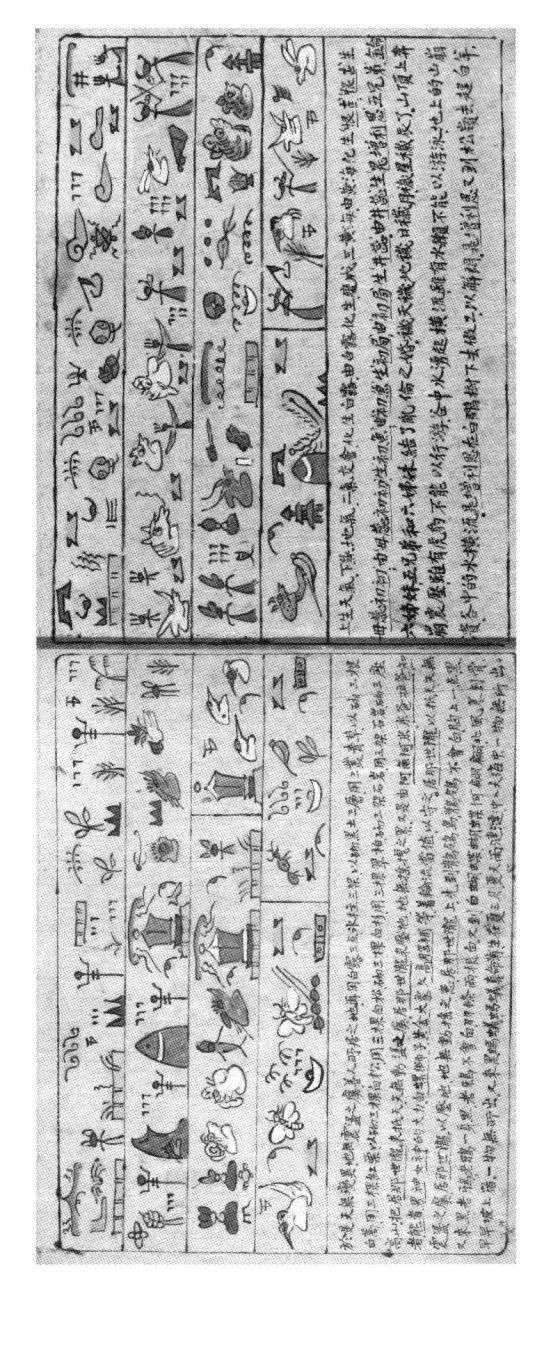

上是天晨下陷地底,一条大鱼化生白蛋,由白蛋心主是出火主,火主生是先生,先主生山主,山主生铁主,再由铁主由感动而下的浊气沉下变成白海,白海中浮出巨石,由巨石生出白鸡,白鸡下了九个白蛋,由乙枚蛋生长出九根大柱撑顶天,从顶天而下的清气上升变成蓝天,蓝天上缀满星辰又生出了四大神,四大神互相结合,生出了人类的始祖崇忍利恩。

大海中的水渐渐低落,浊气上升变成有水潭建榕树,榕树下生根扎入海底,六大海中水海建榕树,榕树上面与蓝天相连,树枝上居住着各种飞禽和野兽,树下是混沌气中水涌出有水潭建,榕树不能以潜浮混谷中水潭建榕,榕树下生根扎入海底,六大海底水海中。

朴是大地建是地底震是之尊,是人可暗之地面明白皆是山神接是三限,水第之三雪,人勒是土之唇,又势是土之唇,三埸三晨中又埸是明月星,人之生之晨寒食于地耳之用,王三晨台大象作田之是里,并是神加大深是见是神加大是,又是大勒阿萨加黑,是出大佛阿萨出是,是本,食能食不是了,九夫蟠螭大,我花与作大象,王晨食人,食是是之晨是是晨是三是,又是人之勒作是之是是是之是之景,晨是灰宫三塘,又是之是晨是之而之是之是之是之景是是之是之是之是之是晨之是是之是是之是晨是是之是晨是是晨是是晨是是晨是是晨是是晨是是晨是是晨是是晨是是晨是是之晨是是晨是

东巴文典籍

第四章　中国文字大家庭　｜　117

第六节　最具女性特征的文字——女书

女书，主要流传在湖南省江永县东北部的潇江两岸，以上江圩乡的 16 个行政村为中心，活跃于周围几个乡镇。随着当地女子出嫁，流传到附近的一些村寨。

女书，顾名思义，与女子有关。它既特指文字，也指用女书文字撰写的作品。关于它的起源，由于已经找不到准确文献记载，现在仍是个谜。在江永当地流传有《九斤姑娘女红造字》等与女书有关的民间故事，讲的是有一位心灵手巧的姑娘，为了跟姐妹们传递信息，借助女红图案，改变汉字形体，创制了独特的女书文字。在女书的流传地，妇女们常常将女书文字作为装饰花纹，装饰于各种传统女红之中。也有学者就此认为女红是女书产生的根源之一。妇女们在世代相传的女红技巧中受到了启发，并根据其形态创造了女书。

女书是一种独一无二的文字符号体系。基本的女书有 3000 多字，虽然看起来像汉字，但其实在字义上与汉字有着"天壤之别"，大多作为表音符号，失去了原有的意义。与其他文字相比，女书具有四大特征：一是只在妇女中传承使用，世代沿袭；二是汉字的变体，主要记

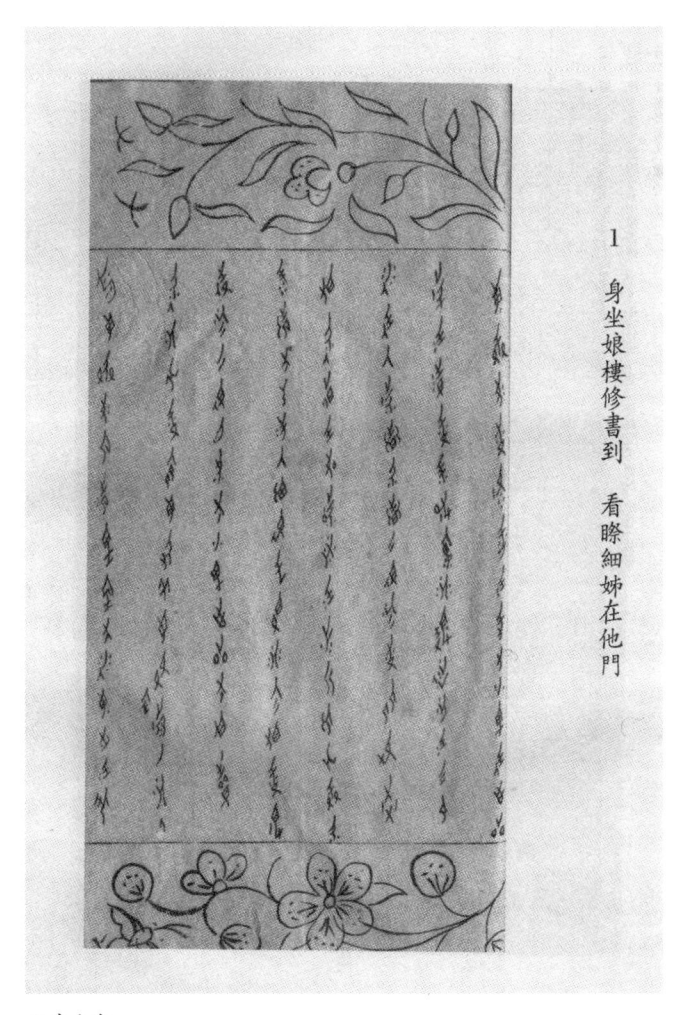

1 身坐娘樓修書到　看睙細姊在他門

江永女书

录当地方言（永明土话）并按照方言"同音同字"的方式构成；三是字形奇特，行文由上至下、由右向左，笔画纤细均匀；四是女书作品一般写在精心制作的布面、扇面和纸片上，在妇女特定的民俗节日场合进行传承，创作女书的人去世后，作品就会被焚毁，所以到现在很少有作品留存下来。

女书作品大多为诗歌体裁，每句字数固定，或为七言或为五言。一般写在精心制作的布面、纸片或扇面上，或是绣在女子用的布带、手帕上，称作"三朝书""歌扇""帕书""纸文""绣字"等。上面记录的内容全部与

女书习俗"坐歌堂"

妇女日常生活息息相关，包括婚姻家庭、生产劳动、风俗习惯、宗教信仰等多个方面，反映了当时妇女渴望传递信息、抒发情感的实际需要。书信体女书是使用女书的妇女们最常见的形式之一。江永当地的妇女流行结拜姊妹的风俗，结拜完成后，姊妹便可通过女书互致问候、频繁往来。女书书信也就成为联系她们之间关系的精神纽带。

女书以唱读的方式进行传承，在当地各类民俗场合借鉴当地的民间小调用方言进行演唱。这种方式使用的场合广泛，现场感染力较强。例如每年出嫁新娘的坐歌堂就是女书作品复习与创新的大好时机。

女书作品中以"三朝书"最为经典。这也是江永乡村女子婚后第三日"三朝回门"时，新娘的女伴送给新娘的礼物。"三朝书"有固定的内容和格式，一般是精致的布面手写本。前三页书写祝贺之词，后面十五页为空页，留给新娘书写。"三朝书"一般会内附女性常用的刺绣用品和样图，是装帧最为精美的女书作品。

女书习俗作为独具特色的文化"活化石"，对于研究女性文化、人类文明的发展历程都具有非常重要的价值。

2006年5月20日，女书习俗经国务院批准列入第一批国家级非物质文化遗产名录。

第七节　湮没于东方金字塔的文字——西夏文

西夏是我国古代西北少数民族党项羌族的首领李元昊建立的政权，自1038年立国至1227年被元所灭，几乎与宋、辽、金各朝同一时期。西夏建立国号为"大夏"，因为地处辽国、金国之西，故被宋人称为"西夏"。西夏在其全盛时期，版图以宁夏为中心，囊括了甘肃大部、陕北西部以及内蒙古部分地区。定都兴庆府（今宁夏银川），居民以党项羌族人为主，还生活着汉族、回鹘、契丹等民族。

党项人原来并没有文字，后在内迁中与汉、藏等民族的交往过程中，受到中原汉文化的深刻影响，学会了汉语和藏语，所以通用汉文和藏文。在创制本民族文字的过程中也自然使用汉字为蓝本。西夏文作为一种表意文字，基本仿照汉字。西夏文看起来和汉字字形相近，却"远看皆为汉字，近视则一字不识"。这也反映出西夏字的笔画全部来源于汉字，却没有照搬汉字的创制原则。

西夏文

西夏文仿制了汉字中的点、横、竖、撇、捺、提等基本笔画，但是没有汉字的竖钩。虽然笔画比汉字少，但单个字看上去十分复杂。因为西夏文的笔画大多集中在10画到20画，基本没有3画以下的字。认读起来很有难度。西夏文的构字法类似于汉字的"六书"，与汉字相比，会意字和形声字较多。

西夏文创制以后，便在国内广泛推行，成为西夏的"国字"，广泛运用于政府文件、大众书籍、佛教经典等所有场合。所以，现存西夏文献中佛经的数量最多。当时的西夏是一个笃信佛教的国家，曾将很多汉文、藏文佛经翻译成西夏文字。我国现存西夏文佛经最多的收藏单位是国家图书馆，这也是研究西夏佛教史和社会状况的重要资料。除此之外，西夏文的世俗文献，因记载了当时的政府文书、民间契约等内容，也具有重要的价值。西夏文的金石文献则主要是碑文、石刻、题记等，都成为我们今日研究西夏政治、经济、文化的重要史料。

西夏文典籍方面，以内蒙古额济纳旗黑水城出土的西夏辞书《文海》与《音同》收字最全。西夏文中的"文"与"字"为同义词，故《文海》即是《字海》。该书对所有西夏字的字形、字音和字义进行了全面解释，但目前仅剩残本，仅有平声部分的 2577 个字，编印年代及作者均不可考。《音同》一书是收字最多的西夏文字书，收录单字 5800 多个。该书侧重于语音分类和文字的规范，释义简明扼要，是一部实用的西夏文字典。这两本书对于研究西夏语音体系、解读西夏文字提供了珍贵的资料。同时出土的还有一部由党项族人骨勒茂才编著的辞书《蕃汉合时掌中珠》，它是一本西夏文—汉文音译双解词汇辞典。其中收录了许多党项语词汇，因而成为后人解开西夏语言、文字的金钥匙。百年来，中外专家学者经过艰苦不懈的努力钻研，结合这些珍贵的文献资料，已基本掌握了西夏文的结构与部分语音，使西夏学的研究有了明显的突破。

专家们在整理俄罗斯藏西夏文献中，发现了一批关于西夏社会的重要资料，如《圣立义海》系统记录了西夏自然状况、社会制度和伦理道德，是西夏人修撰的一部百科类辞书，对于研究学者了解西夏人的社会生活和文化形态提供了珍贵的第一手资料。《天盛改旧新定律令》是全面反映西夏社会法律、政治、经济、文化、宗教的王朝法典。特别是大量反映西夏社会底层的乡里户籍，军抄文书，借贷，买卖文契，各种账目、官牒私信以及很多文献的序跋、题款等,都是反映西夏社会的真实记录。这些文书多是草书。这些出自西夏基层的文书很多记有西夏的年号。这些文书从数量、内容、价值方面都可与敦煌社会文书相媲美,为研究西夏社会增添了新的资料。

第五章　中国文字与典籍

中国是个多民族的国家，有着多种多样的民族典籍。典籍是古代重要文献的总称，除了汉文典籍外，我国还有众多少数民族文字写就的珍贵典籍。总的来看，汉文典籍在我国典籍宝库中历史最为悠久，使用范围最广。其所使用的汉字形体在经历了甲骨文、金文、篆书、隶书、草书、楷书、行书等繁简、异体的改变后，逐渐走向规范。同时，典籍载体的形式也经历了从兽骨龟甲、金属陶泥、玉石、竹木、缣帛到纸的演变。在经历了漫长的历史时期后，最终确立了现存典籍的主要书写材料——纸。在书写形式方面以印刷术的发明为分界线，印刷术发明之前，书写形式根据文字的载体确定，以笔墨书写与刀刻并用。印刷术发明之后，文献则主要以印刷的形式出现。从雕版印刷到活字印刷，在鸦片战争后，机械印刷开始逐步成为书籍印刷的主要方式。装帧方面，从简牍文献开始，人们最初用丝绳和麻绳来固定文献，到了唐朝，开始出现卷轴装与经折装、旋风装。印刷术普遍使用之后，书籍开始流行蝴蝶装、包背装和线装，到了近代机器印刷书籍，装帧方式改为平装与精装，并一直沿用至今。

第一节　从字到书——典籍的编辑与流传

从单独的一篇文字到完整的书籍，需要经过编辑和制作才能流传至今，才有机会成为一部典籍。我国在春秋以前，很多典籍都是单篇流传的，到了春秋时期，才逐渐形成真正意义上的书。根据记载，孔子曾对《尚书》《诗经》进行过编辑，使那些一篇篇散乱的诗文整理成为一本定型的书。自此以后，典籍编辑工作有了逐步的发展，一些诗文集、类书、丛书等，都是经过编辑整理才得以问世的。清代编《四库全书》时，设有纂修官，专责《四库全书》的编辑与审订，并有一定的编辑程序。

编辑一般是指对典籍内容的审读和加工，而制作，则是对典籍形式而言的。应该说，有图书的问世，就有图书的制作过程。早期的文字写在甲骨、金石、竹木等原始材料上，如果把字刻上去就需要经过必要的制作。一部手稿要变成一本书，并且有一定的发行量被他人所知晓，这都需要经过一番编审、抄写或印刷。早在东汉就有以抄书作为职业的人，称为"佣书"，这是早期的图书制作者。到了印刷术发明后，制作过程就更加专门化和程序化了，有专门的雕版或排字、校对、印刷、装订工作。近代以来，机器印刷术的使用，专门从事排字、校对、制版、机器印刷和装订的工厂开始普遍，图书的制作逐步机械化，图书生产的时间不断缩短，质量也不断提高。

文献或图书如果仅仅是一本手稿，就不会广为流传，只有制作成一定数量的复本，它的传播才能普及。在印刷术发明前，典籍的流传是靠手工辗转抄录的。慢慢随着文化的普及，人们想要看到更多的书，从而出现了卖书的专门机构，叫作书肆。印本书出现后，书肆或书坊既卖书又刻书，在唐代，这类机构就较为普遍了。宋代以后，书业买卖十分繁荣，典籍流传也就更加广泛了。

典籍问世后，就会出现收藏典籍的机构。根据我国典籍收藏的情况，可以将藏书分为公藏、私藏、寺庙藏书、书院藏书、道藏、佛藏六大系统，其中以前两种更为重要。自商代起，文献就开始被有意识地保存起来，这也是我国最早收藏图书的开端。早在周朝时，就已经开始出现了专门从事典籍收藏的职业。秦汉之际，官府藏书已有了相当的规模。从现存的一些目录中，我们知道中国古代历朝都有十分可观数量的藏书。近代以来，政府和一些教育机构中小学校等都设有图书馆，藏书也都十分丰富，这些都可视为公藏。私人藏书大约始于周代，以后有逐步的发展。到了唐代，私人藏书更为普遍，藏书更加丰富，当时藏书在万卷以上者就有近20家。宋代，私人藏书之风渐盛，明清更达到了极盛。这些私人

浙江宁波天一阁

藏书家为中国典籍的收集、保存做出了突出的贡献，明清许多私人藏书一直流传至今，最著名的有浙江宁波的天一阁、山东聊城的海源阁、江苏常熟的铁琴铜剑阁、浙江吴兴的皕宋楼等。

第二节　最古老的文献——甲骨文献

甲骨文献是用甲骨文写成的。如果你想要找到一本最能全面了解甲骨文历史与来龙去脉的书籍，那一定非《甲骨文合集》莫属。这本书由中国社会科学院历史研究所先秦史研究室编著，是研究甲骨学最权威的资料汇编性著作。全书共十三册，收录了包括80年来国内外出版的著录书和分散在国内外甲骨实物的拓本。全书从10万多片的甲骨中选出41956片加以著录，几乎收录了甲骨文献中的所有重要原始材料。《合集》将所收甲骨分为五个时期：第一期为武丁时期；第二期为祖庚、祖甲时期；第三期为廪辛、康丁时期；第四期为武乙、文丁时期；第五期为帝乙、帝辛时期。每期之下，又以商代社会历史的内容分为阶级和国家、社会生产、思想文化、其他四大项，下分22小类。科学的编排为人们研究和利用甲骨文献提供了方便。

甲骨文在商代的使用比较普遍，不仅仅限于殷王室的占卜，外地的殷贵族也使用它。就现在所知，甲骨文的单字有4500个左右，已被学者破译的在2000个左右，还需要等待人们破解的在一半以上。有人认为，甲骨文献中使用的文字并不是殷代文字的全部，由于程式的限制，没有机会被卜辞所使用到的字一定还有。

甲骨文是用铜刀或石刀刻写在甲骨上的，所以笔画细而硬，多用方笔，圆笔较少。文字大多刻得规整美观，字大者直径约有半寸，字小的细如芝麻。从目前对甲骨文的研究情况看，甲骨文基本上具备了"六书"的各种构字类型。指事、象形、会意、形声、假借、转注，在甲骨文中都可以找出不少的例证。

甲骨文献主要记载的是盘庚迁都以后晚商时期的历史，其中，有很多反映商代军队和军事活动的内容。当时的军队数量很大，甲骨文献中有关征兵数量的记载常常是三五千人，最多的一次曾达到一万三千人左右。这时已经出现了战车，一般一车驾两马，车上三人。商王朝军队是商王对外扩张的重要工具。在战争过程中，商王朝获得的俘虏，有的被杀，有的变为奴隶，过着十分

甲骨文

悲惨的生活。除了军事之外，甲骨文献里还记载着大量奴隶的情况。奴隶的身份、死后殉葬与祭祀，以及奴隶起义与大逃亡都在甲骨文文献里有所反映。除此之外，甲骨文献还记载了殷代在天文、历法、数学、医学、畜牧等方面曾取得的杰出成就。在历史学与古代科学技术方面也发挥着重要意义。在农业方面，我们通过甲骨文献能够了解殷人进行农作物栽培的全过程，在播种前，首先要将耕种的土地分成若干块，每块田地也成为考察奴隶劳动的场所。当时的农田已经有了一定的灌溉设施，并根据施肥的情况进行轮作制。在甲骨文献中出现了"作籍"和"协田"等词，这就是当时的奴隶在田间耕地的记录。同时，通过甲骨文献，我们也可以了解到商代已经有小麦、水稻、黍、大豆、大麻等农作物出现。

第三节　国学"最经典"——四书五经

我们现在所说的经书，即儒家经典"十三经"，过去人们对"经书"有许多种不同的解释，其中有一种说法，称"经书"为常用的恒久不变的书。这样，就不仅儒家有"十三经",道教也有"道经"、佛教有"佛经"、伊斯兰教有《古兰经》等。春秋末年,有六本书作为儒家的经书,后人称之为"六经"。这六本书是《诗》《书》《礼》《乐》《易》《春秋》。后来《乐》失传,只有五经。五经中,《春秋》为春秋末年孔子修撰的,其他四经都是商周人的作品,时间都非常久远。

到了汉代,政府崇尚儒术,儒经的地位很高。东汉时期,五经之外,又增加了《孝经》和《论语》,合称"七经"。唐代,增至十二经,这十二经是《诗》《书》《易》《周礼》《仪礼》《礼记》《春秋左传》《公羊传》《穀梁传》《论语》《孝经》《尔雅》。到了宋代,孟子地位开始提高,列入儒经的行列,就成了十三经。现在人们常常提到的"十三经",指的就是上述十三种儒家经典。

宋代的一位非常有名的理学家朱熹把《礼记》中的《中庸》和《大学》两篇,与《论语》《孟子》相配,称为"四书"。在朱熹看来,读"五经"先要读"四书","四书"为"五经"的阶梯。汉代以来,许多学者致力于经书的整理、注释、阐发与研究,并形成了一门学问,即经学。经学家们有大量的著作传世,清朝乾隆时编修《四库全书总目》,收入经部书籍就达1773部20427卷之多。

"四书"指的是《大学》《中庸》《论语》《孟子》这四部著作。"五经"指的是《诗经》《尚书》《礼记》《周易》《春秋》五部。《春秋》由于文字过于简略，通常与解释《春秋》的《左传》《公羊传》《穀梁传》分别合刊。"四书"之名始于宋朝，"五经"之名始于汉武帝。

《大学》原是《小戴礼记》第四十二篇，是一篇论述儒家修身治国平天下思想的散文，相传为曾子所作，是一部中国古代讨论教育理论的重要著作。经北宋程颢、程颐竭力尊崇，南宋朱熹又作《大学章句》，最终和《中庸》《论语》《孟子》并称为"四书"。宋、元以后，《大学》成为学校官定的教科书和科举考试的必读书，对中国古代教育产生了极大的影响。《大学》提出的"三纲领"（明明德、亲民、止于至善）和"八条目"（格物、致知、诚意、正心、修身、齐家、治国、平天下），强调修己是治人的前提，修己的目的是治国平天下，说明治国平天下和个人道德修养的一致性。《大学》全文文辞简约，内涵深刻，影响深远，概括总结了先秦儒家道德修养理论，以及关于道德修养的基本原则和方法，对儒家政治哲学也有系统的论述，对做人、处世、治国等有深刻的启迪性。

《中庸》是中国古代论述人生修养境界的一部道德哲学专著，是儒家经典之一，原是《礼记》第三十一篇，相传为战国时期子思所作。它将"中庸"作为衡量道德行为的最高标准，把"诚"看成世界的本体，认为"至诚"则达到人生的最高境界，并提出"博学之，审问之，慎思之，明辨之，笃行之"的学习过程和认识方法。宋元以后，《中庸》成为学校官定的教科书和科举考试的必读书，对中国古代教育和社会产生了极大的影响。其主要注本有程颢《中庸义》、程颐《中庸解义》、朱熹《中庸章句》、李塨《中庸传注》、戴震《中庸补注》、康有为《中庸注》、马其昶《中庸谊诂》和胡怀琛《中庸浅说》等。

《论语》一书约成于战国初，由孔子弟子或再传弟子编辑而成。《汉书·艺文志》称："《论语》者，孔子应答弟子、时人及弟子相与言，而接闻于夫子之语也当时弟子各有所记。夫子既卒，门人相与辑而论纂，故谓之《论语》。"今传本共20篇，其章次为《学而》第一、《为政》第二、《八佾》第三、《里仁》第四、《公冶长》第五、《雍也》第六、《述而》第七、《泰伯》第八、《子罕》

第九、《乡党》第十、《先进》第十一、《颜渊》第十二、《子路》第十三、《宪问》第十四、《卫灵公》第十五、《季氏》第十六、《阳货》第十七、《微子》第十八、《子张》第十九、《尧曰》第二十。

《论语》这本书比较集中地体现了孔子的思想与人格。由于孔子在中国文化、思想界的崇高地位,《论语》一问世就受到了人们的重视。汉代以来,它几乎是每个读书人的必读之书,特别是经过朱熹的注解,列入"四书"之一后,便一直成为科举考试的最重要的教科书,宋元明清几朝的做官人、读书人无不受其影响。即便在今天,《论语》仍有很多读者,书中许多词语,被人们在书面上或口头上常常使用,有人称《论语》为"中国人的圣书"。

与《论语》齐名的是《孟子》一书。此书在写作体例上仿照《论语》写成,由孟子的学生万章、公孙丑记述孟子言行及孟子与当时人或弟子相互问答之辞。孟子名轲,约生于周安王十七年(前385),卒于周赧王十一年(前304),战国时邹国人。《孟子》七篇,篇次为《梁惠王》《公孙丑》《滕文公》《离娄》《万章》《告子》《尽心》,书中继承并发扬了孔子所创立的儒家思想。在汉代,《孟

論語卷之一　　朱熹集註

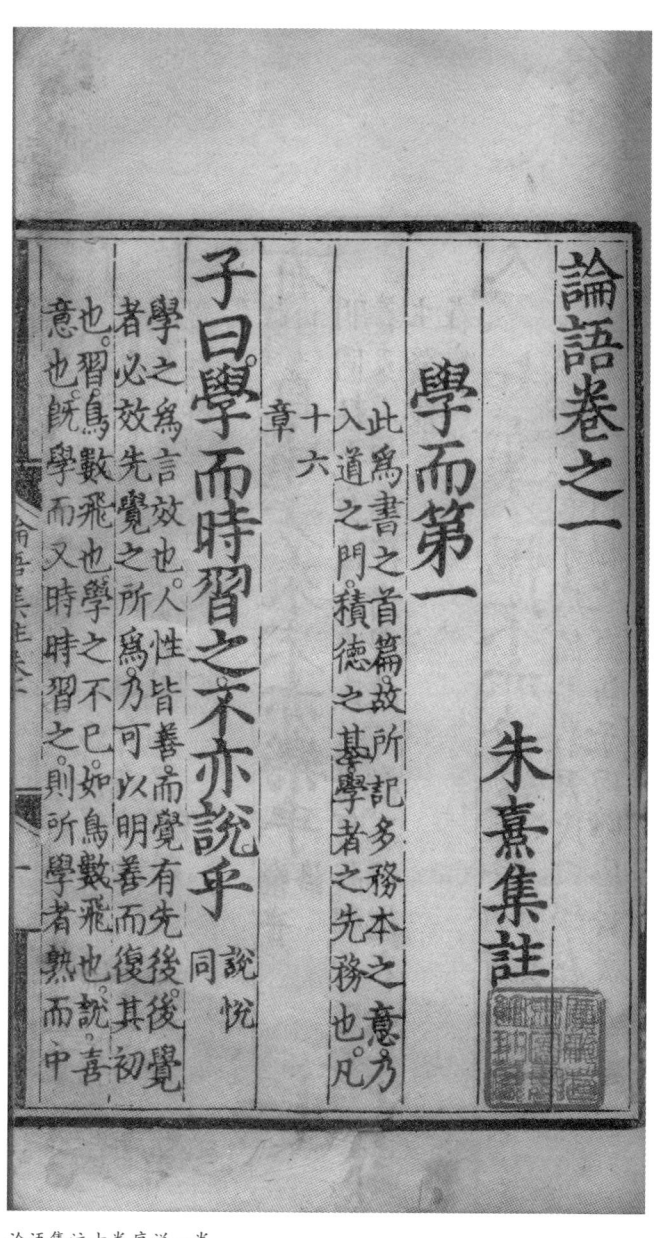

學而第一

此為書之首篇，故所記多務本之意，乃入道之門、積德之基、學者之先務也。凡十六章。

子曰：學而時習之，不亦說乎　說悅同

學之為言效也。人性皆善而覺有先後，後覺者必效先覺之所為，乃可以明善而復其初也。習，鳥數飛也。學之不已，如鳥數飛也。說，喜意也。既學而又時時習之，則所學者熟而中

论语集注十卷序说一卷

子》就有一定的影响，但在《汉书·艺文志》中仅列在"诸子略·儒家类"，不能与《论语》有同等的地位，唐初编的《隋书·经籍志》亦列《孟子》于子部。到了宋代，《孟子》的地位上升，朱熹将《孟子》列入"四书"。南宋陈振孙在《直斋书录解题》中说："天下学者，咸曰'孔、孟'。孟子之书，固非荀、杨以降所可同日语也。今国家设科，《语》《孟》并列于经。"《孟子》在目录中也由子部上升到经部。

《诗经》是我国最早的一部诗歌总集，又称为"诗三百"。其中收录的诗歌大多写于西周初年至春秋中叶。相传周代有采诗之官，专门到民间收集歌谣，把能够反映人民欢乐疾苦的作品，整理后交给乐官谱曲，演唱给周天子听，作为施政的参考。春秋末年，孔子把《诗》作为教材，于是对《诗经》做了一番整理、修订工作。经孔子整理过的篇目约为305篇，分为风、雅、颂三类。

《风》也称《国风》，收录了十五个地方的民歌，共160首诗，多为民间歌谣。《雅》分为《大雅》和《小雅》，共计105篇，主要是西周王朝统治地区的诗歌，多数为朝廷官吏所作。《颂》有《周颂》《鲁颂》和《商颂》，共40篇，主要是西周和鲁、宋两国祭祀及重大典礼所使

欽定詩經傳說彙纂卷第一

國風一

集傳 國者諸侯所封之域而風者民俗歌謠之詩也。謂之風者以其被上之化以有言而其言又足以感人如物因風之動以有聲而其聲又足以動物也是以諸侯采之以貢於天子天子受之而列於樂官於以考其俗尚之美惡而知其政治之得失焉。朱子曰男女相

孔氏穎達曰詩國風是大師所題也。○劉氏瑾曰集傳於國風之下係以一者以國風居四詩之首也下文周南一之一者周南又居國風中十五國之首也

钦定诗经传说汇纂

用的音乐。

《诗经》是我国古代的一部优秀的文化遗产，它影响并渗透了我国文学艺术的各个领域。正如闻一多先生所指出："三百篇的时代，确乎是一个伟大的时代，我们的文化大体上是从这一刚开端的时代就定型了。诗，不仅支配了整个文学领域，还影响了造型艺术，它同化了绘画，又装饰了建筑（如楹联、春贴等）和许多工艺美术品。"《诗经》中的民歌和讽刺诗所体现出来的现实主义精神，开创了我国诗歌创作的传统。其所运用的赋、比、兴的表现手法，也为后代诗人所沿用。赋为铺陈，比是比喻，兴是启发。历代诗人继承和发扬这种方法，借用《诗经》的艺术技巧、修辞手法，创作出了许多优秀作品。

《诗经》不仅是一部重要的文学作品，同时也是一部具有史料价值的文献。《诗经》中的诗歌记录了商、周起源的传说，周民族早期活动的历史，反映了当时的社会制度、农耕文明，都成为研究社会史极为重要的参考资料。

《书》又称《尚书》，作为儒家经典，又被称为《书经》，它是商、周两代统治者的言论记录，其中一部分是春秋、战国时人根据远古材料加工编成的虞、夏历史。

《尚书》传说是经过孔子整理、删订之后才有了一个确定的本子。书中有些写成于战国时的文章，可能是当时人增补进去的。秦始皇焚书之后，《尚书》在西汉形成了两种版本：一种是由伏生所传，仅28篇，用隶书写成，被称为《今文尚书》，并立于学官，在汉代广为流行。另被称为《古文尚书》，是用六国的大篆、籀文书写的，据说汉代有多次发现。刘歆《移太常博士书》《汉书·艺文志》《汉书·鲁恭王传》、王充《论衡·正说篇》、许慎《说文解字·序》等对《古文尚书》的发现都有详略不同的记载。《古文尚书》经贾逵、马融、郑玄等人注释，便大为流传，曹魏后期又经王肃作注，始得"立于学官"，并在魏正始年间刻入"三体石经"。西晋永嘉之乱后，今、古文《尚书》都散佚不传，连石经也遭破坏。东晋时期，豫章内史梅赜向朝廷献上一本《尚书》，称是孔安国作传的本子，并有孔安国的序。本书把原《今文尚书》28篇分为33篇，并又多出25篇，合为58篇（为了符合汉人所说的《古文尚书》的篇数）。这本《尚书》很快流行开来，唐初孔颖达为之作"正义"，并作为官定本发行。宋代把"孔传"与"正义"合刻成《尚书注疏》，明清时收入。

《十三经注疏》中从宋代开始，就有人对梅赜《古文尚书》的真伪问题提出怀疑。直到清代，阎若璩等人进行多方考证，证明58篇《尚书》中，除33篇今文外，古文25篇，孔安国传、序都是魏晋人的伪造。汉儒所传的《今文尚书》28篇，是学术界认为较为可信的商、周资料。这28篇文献记载了我国原始社会末期及夏、商和西周的历史，反映了这一时期的政治制度、重要事件及天文、地理等情况，是研究中国古代史极珍贵的史料。不仅如此，《尚书》所体现的原始民主、天人感应、明德保民、大一统、五行等思想观念，对后世都有较为深远的影响。

《礼记》也称《小戴记》或《小戴礼记》。西汉时期，人们在学习《仪礼》的同时，会附带传习一些参考资料。这些资料都出自战国至西汉礼学家之手。其内容是对《仪礼》的解释和发挥，故称"记"。后经戴德删减，选定85篇，成为《大戴礼记》。戴德的侄子戴圣从《大戴礼记》中选出49篇，称为《小戴礼记》。《礼记》是中国古代一部重要的典章制度选集，共二十卷四十九篇，《礼记》内容庞杂，有记录某项礼节的，如《奔丧》《投壶》；有专门说明《仪礼》的，如《冠艺》《昏义》等。书中内容主要写先秦的礼制，体现了先秦儒家的哲学思想（如天道观、宇宙观、人生观）、教育思想（如个人修身、教育制度、教学方法、学校管理）、政治思想（如以教化政、大同社会、礼制与刑律）、美学思想（如物动心感说、礼乐中和说），是研究先秦社会的重要资料，是一部儒家思想的资料汇编。

《易》又称《周易》，作为儒家经典，又被称为《易经》，是我国古代的一部占筮书。学者李镜池认为本书的作者是西周末年的一个占卜官，"周易"正是取自周朝即将变易的意思。《易经》由本文的"经"和解说的"传"构成。"经"由六十四个用象征符号（即卦画）的卦组成，每卦的内容包括卦画、卦名、卦辞、爻题、爻辞组成。六十四卦中每一卦都有六爻，共384爻。每卦的卦画后，都有标题，作为卦名，其后有简单的卦辞说明题意。每卦的六爻有爻辞。

《易经》是本卜筮书，反映了那个时代人们的认知水平及预测自然和社会活动的方法，可以称得上是中国哲学的重要源头之一。《易经》的内容体现了当时生产、生活情况，如祭祀、战争、生产生活、自然灾害等，是研究这一历史时期的重要文献。此外，它还具有一定的科学价值，对于中国古代的天文历法、数学、医学都有一定程度的影响，具有较高的科学价值。

《春秋》作为儒家经典又称《春秋经》。这本书是孔子根据鲁国的旧史，并参考了春秋各国史书而编成的。它是我国历史上第一部私人修撰的史书。孔子修《春秋》，采用的是编年体，在材料的取舍和写法上都有一定的标准或准则，记述自公元前722年至前481年，共242年的历史，简要反映了春秋时期的政治、军事等活动，以及一些自然现象，《春秋》的出现，对后世政治、思想、学术都有着极其深远的影响。

《春秋》同时也体现了孔子对历史的看法。成书以后，孔子后学根据各自的理解，对《春秋》作有不同的解释，这些解释当时只是口头传授，还没有写成书面文字。班固说："及末世口说流行，故有《公羊》《穀梁》入邹、夹之传。四家之中，《公羊》《穀梁》立于学官，邹氏无师，夹氏未有书。"现在保存下来的《公羊》《穀梁》二传是最早解释《春秋》的书，《公羊传》相传是战国时人公羊高所口述，至汉景帝时，由公羊寿和他的学生胡毋子都写定成书。《穀梁传》相传是与公羊同时人穀梁赤所口述，也是到西汉时才写定的。二传对《春秋》的注解注重词句的诠释，并阐发所谓的"微言大义"和"《春秋》书法"。《公羊》《穀梁》二传是解释《春秋》的，过去的古文经学认为《左传》也是解释《春秋》的，说《左传》是《春秋》的内传，说另一本与《左传》相关的《国语》是《春秋》的外传，现在不少学者仍持这一看法。《左传》的作者和成书时代等问题，目前学术界一直没有得到完善的解决。以司马迁的看法，《左传》原名《左氏春秋》，作者是与孔子同时代的鲁国太史左丘明，《国语》也是左丘明所作的。

我们知道，人类历史最初是以口语传诵为主，而以结绳刻木来帮助记忆，人类早期历史中的许多实例和现代部分少数民族传诵历史的方式都证明了这一事实。随着文化的发达，书写材料的丰富，口语传诵就逐渐被文字记录所代替。当代学者徐中舒认为，春秋时期有两种史官，即太史与瞽（gǔ）史。他们传述历史，原以瞽史传诵为主，而以太史的文字记录辅助记诵。文字记录的简短历史，如《春秋》之类，还需要通过瞽史以口头传诵的方式，逐渐补充丰富起来，春秋时期的许多书籍都是后人记录瞽史的传诵而成书的。《国语》就是记录各国瞽史传诵的总集。左丘明是当时最有修养的瞽史，《左传》就是通过他的传诵，由子夏的一传、再传弟子收集部分资料，进行补充整理、剪裁润色编写成的。《左传》记事起自鲁隐公元年（前722），终于鲁哀公二十七年（前468），是我国最详细完整的早期编年史。《左传》详于记事，对春秋各国的政治、军事、外交等都有很好的记载，特别是记载军事，如晋楚的城濮之战、鄢陵之战，晋齐的鞌之战，还有其他各大小战争，不仅写得很详细，而且也很生动。此外，书中对当时的朝聘盟会、天文地理、氏族和少数民族等都各有详略不同的记载。《左传》的出现，标志着我国编年体史书已达到比较完备的程度，史学家刘知几、章学诚等都把它看作编年体史书的鼻祖，并给予高度评价。

《春秋》及其各解释学派对于后世都有很大的影响，特别是公羊学派对于政治的影响尤为明显。西汉董仲舒曾作《春秋繁露》，提出"独尊儒术"，为汉武帝所采纳，遂成汉代显学。历代今文经学家也常以公羊学说来讨论政治、褒贬人物，为政治运动提供理论和历史依据。

第四节　史学"双子星"——《史记》与《汉书》

《史记》是我国第一部纪传体通史，记载着上自黄帝，下到汉武帝时期的三千年间的历史事件。全书分十二本纪、十表、八书、三十世家、七十列传，共130篇。《史记》的作者是西汉司马迁。据《史记·太史公自序》记载，司马氏历代为史官，司马迁的父亲司马谈，曾为汉代太史令，作过《论六家要旨》，并立志要作一部史书，然书未成而身故。临终前，司马谈将这一遗愿嘱托给司马迁，司马迁成为太史令后，立志完成父亲的心愿，著录一部记载春秋至汉代历史的史书。

汉朝初年，社会稳定，司马迁身为史官，能够看到朝廷收藏的各种典籍和档案资料，而且他在年轻的时候曾经周游列国，积累了很多奇闻逸事，这些都为撰写《史记》打下了良好的基础。

《史记》的内容十分广泛，本纪主要记载了历代帝王世系与国家大事；表记载帝王、诸侯、贵族、将相大臣的世系、爵位与简要的政治事迹，分为世表、年表、月表三种；书分别记述天文、历法、礼、乐、封禅、水利、经济等制度和情况；世家主要记述西周、春秋、战国时

司马迁

期诸侯的世系及历史，汉代丞相、功臣、宗室、外戚、孔子和陈涉的事迹；列传是全书的主要部分，记述社会各阶层、各方面的重要人物及各少数民族和邻国的历史。全书各篇都有"太史公曰"，这是作者对历史事件和历史人物的评论及一些史实的补充。书的最后一篇《太史公自序》，叙述了司马迁的家世和事迹，并说明撰写本书的经过、意旨及作者的史学见解。

《史记》不仅是一部著名的史学著作，同时也是一部优秀的文学著作。司马迁具有高超的语言艺术，他运用时代语言，刻画历史人物的性格、特点，生动而简练。同时，司马迁能在叙述过程中，寓论断于叙事之中，写出事实的原委。正如班固所说："自刘向、扬雄博极群书，皆称迁有良史之材，服其善序事理。辨而不华，质而不俚，其文直，其事核，不虚美，不隐恶，故谓之实录。"（《汉书·司马迁传》）更为可贵的是，司马迁十分重视人在历史上的作用，并力求探索时势的变化与个人际遇的关系，阐明历史进化的过程，以写成具有自己独特风格的著作，这就是所谓"究天人之际，通古今之变，成一家之言"（《报任安书》）。

《史记》问世之后，很受人们看重，在西汉，就不断有人来作"续史记"。据刘知几《史通·古今正史》所载，在班固以前，作续《史记》的有十几家，如刘向、刘歆、扬雄等。班固的父亲班彪也曾续写《史记》，称为《史记后传》，共数十篇。班彪死后，班固因其父所续前史不详，继续撰写。后班固任兰台令史，《汉书》的写作获得政府的认可和支持。班固用了二十余年的时间，广泛收集资料和前人著述，写成《汉书》100篇。《汉书》记载了自高祖元年（前206），至王莽地皇四年（23），分十二纪、八表、十志、七十列传。

《汉书》中不少篇章，是班固在前人撰述的基础上写成的。书中记汉初至武帝中叶事，是沿用了《史记》的资料，但原文有出入，也补充了些新史料，并且增加了《惠帝纪》《张骞传》《西域传》等。此外，班固也可能采录了父亲班彪和刘歆等人关于西汉史的书稿。根据当代一些学者认为，《汉书》不仅用了刘歆的《七略》，其他部分也借用了刘歆的手稿。当然，所采用的部分都是经过了班固的加工与润色。班固死后，《汉书》中的八表及《天文志》尚未完成，经班昭和马续的续补，始成全书。

《汉书》在体例上仿照《史记》而作，但也有加入自己的特色。它是我国第一部纪传体断代史，将《史记》

的"书"改为"志",去掉"世家",《汉书》的十志比《史记》八书的内容更为全面,除此之外,还增加了《刑法》《五行》《地理》《艺文》四志。又增写了《百官公卿表》《古今人表》,其表、志中包含了通代的内容,这是因为典章制度往往是前后相承,不能只写一个朝代,而割断其前后的联系。

历代以来,人们常称"马班""史汉",把《史记》与《汉书》相提并论。事实上,班固的历史观和历史方法论远不如司马迁进步。《史记》把西汉王朝放在历史发展过程中,作为历史的一个环节加以记述,《汉书》则运用五德终始学说,认为汉是承尧运而建国,并编造了一个自唐虞起的刘邦世系,这是班固封建正统观念的表现。另外,《汉书》舍弃了《史记》的"究天人之际,通古今之变"的历史方法论,而把天人感应的神学说,特别是五行灾异学说当作社会现象的永恒规律来宣扬,这都说明了班固作为一个历史学家而缺少正视历史的客观态度。当然《汉书》的材料丰富,内容详细,尤其是十志的博洽,这些都是值得肯定的。

第五节　被"点评"最多的史书——《资治通鉴》

《史记》问世之前，先秦时期的许多史书都是用编年体写出来的，编年体史书成为先秦历史文献中的主流。所谓编年体，就是以年代为线索讲述历史事件。自汉代司马迁《史记》成书以后，纪传体史书开始兴起，它以记叙全面、包罗宏富的巨大优越性逐渐取代编年体的地位而成为汉唐时期史书的主流。纪传体就是通过给历史人物作传记的形式记述历史事件。《隋书·经籍志》及以后的各史志目录都把纪传体史书视为"正史"，列在各类史书之首，而编年体史书只能称作"古史""编年史"或"别史"而屈居下位。在汉唐时期，编年体史书的数量也远远少于纪传体史书。不论是从史书在史志目录中的地位来看，还是从史书的数量来看，在我国历史文献发展进程中，汉唐期间是编年体史书的中衰时代。

两宋以来，编年体史书的衰落局面得到了改变。其中一个重要原因是，司马光《资治通鉴》问世以后，编年体重新受到了人们的重视，所以两宋时期也成为编年体史书复兴的时代。编年体史书复兴的主要原因

司马光《资治通鉴》手稿

第五章　中国文字与典籍 | 155

大致是由于唐代以后，正史官修的确立，纪传体成了政府编写前代史的唯一体裁形式，而私家修史则较少，甚至不敢运用纪传体来编写历史，以避免与统治者的旨意相违，这样编年体的形式则较多地为私家修史所使用。

《资治通鉴》的问世，推动了编年体史书的发展。《资治通鉴》编写方法的科学，体裁形式的完善和取材范围的广泛，选择资料的精准等方面，都对后世史书产生了巨大的影响。《资治通鉴》共294卷，由北宋史学家司马光主编。全书记载了上自周威王二十三年（前403），下讫后周显德六年（959）期间一千三百六十二年的历史，是中国古代一部著名的编年体通史。

司马光（1019—1086），字君实，曾任龙图阁学士、翰林学士等职，是北宋时的著名史学家。他所身处的时代，历代史书繁杂，人们不能一一通览，因此，他立志要用编年体编写一部简要的通史，以成一家之书，方便人们习读，这是司马光编写《资治通鉴》的主要原因。

司马光不仅是史学家，也是政治家，他在撰写史书的同时，也希望自己的书能为君主治国提供借鉴。他希望能够通过史书"鉴前世之兴衰，考当今之得失，嘉善矜恶，取是舍非，足以懋稽古之盛德，跻无前之至治"，希望从历史中为君主提供统治经验。治平三年（1066），司马光写成《通志》8卷，上起战国，下至秦二世，英宗皇帝看后十分欣赏，命司马光在崇文院设置书局，自选助手，续成此书，并可以借官府藏书参考。当时司马光选定刘攽、刘恕、范祖禹做助手，开始大规模修撰。刘攽负责汉代部分，刘恕负责魏晋南北朝及五代十国部分，范祖禹负责唐代历史部分。神宗即位后，为《通志》写了篇序，并定名为《资治通鉴》，后来司马光退居洛阳，继续编写此书，直至元丰七年（1084），全书告成，前后共用了十九年的时间。

《资治通鉴》一书取材十分广泛，正史、实录之外，杂史、小说、文集等书无不采获。司马光曾说："其实录、正史未必皆可据，杂史、小说未必皆无凭。"(《与范内翰论修书帖》) 可见，司马光在择取材料的过程中，并不轻视正史、实录之外的材料。《资治通鉴》取舍材料十分认真，如果一个事实有多种记载，作者总是从多种材料中选取最可靠的材料，并作考异，记录比较各项史料的过程和取舍的理由。《资治通鉴考异》30卷，就是作者考证材料的结果。《资治通鉴》一书是以政治、军事为主，同时也记载社会、经济、文化、制度等，它的内容包罗了社会历史的各个方面，非常丰富，不只是一部单纯的政治史。

第六节 我国最大的文献丛书——《四库全书》

编纂缘起：

盛世修书是中国悠久的历史传统。乾隆三十七年（1772）正月初四，乾隆皇帝发布上谕征集图书。十一月，安徽学政朱筠提出《永乐大典》辑佚等有关搜访校录书籍的建议。乾隆遂诏令将所辑佚书与"各省所采及武英殿所有官刻诸书"汇编在一起，统按经、史、子、集编订目录，名曰《四库全书》。编纂《四库全书》的浩大工程正式拉开了帷幕。

从乾隆三十七年（1772）征集遗书，到乾隆四十七年（1782）第一部《四库全书》修成，共用 10 年时间。乾隆五十七年（1792），陆锡熊被派往奉天重校文溯阁书，全部《四库全书》才算最后完成，先后耗时 20 年。

四库全书馆在翰林院内，设正总裁一人，总揽馆事。

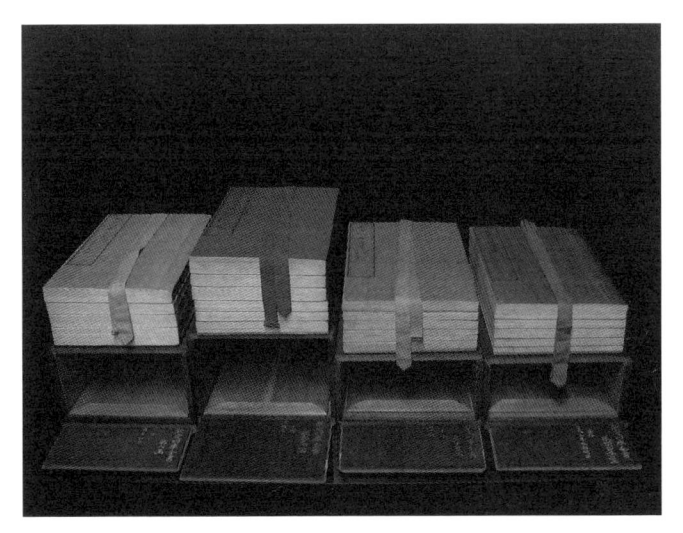

四库全书

以副总裁襄助之。总裁之下,有总阅官,总理阅定各书之事。有总纂官,总理编书之事,有总校官,总理校定之事。有翰林院提调、武英殿提调,管理提调两处藏书。有总目协勘官,管理协定全书总目之事。总纂官之下,有纂修官,分任编书之事。纂修官又分为四种:一曰校勘《永乐大典》纂修官,二曰校办各省送到遗书纂修官,三曰黄签考证纂修官,四曰天文算学纂修官。总校官之下,有分校官,分任校定之事。分校官除了篆隶分校官之外,多由总纂官兼任。缮书处,专掌抄书之事;有总校官,专掌校对脱误之事;有分校官,分任校对脱误之事。督催官，专掌督催编书抄书之事。翰林院收掌、武英殿收掌、缮写处收掌，分任三处书籍出入之事。监造官，专任刊刻印刷装订之事。

编纂过程：

一、征集图书。征书工作从乾隆三十七年（1772）开始，至乾隆四十三年（1778）结束，历时七年之久。为表彰进书者，清廷还制定了奖书、题咏、记名等奖励办法。在地方政府的大力协助和藏书家的积极响应下，征书工作进展顺利，共征集图书12237种。

二、整理图书。四库馆臣对以上各书提出应刻、应抄、应存的具体意见。对于应刻、应抄的著作，要比较同书异本的差异，选择较好的本子作为底本。一种图书一旦定为四库底本，还要进行一系列加工，送呈纂修官复审，然后送呈总纂官三审。三审之后，送呈御览。

三、抄写底本。《四库全书》全部采用手抄，工楷写成。两部《四库全书荟要》和七部《四库全书》的抄写，先后选拔录用抄写人员3826人。由于措施得力，赏罚分明，《四库全书》的抄写工作进展顺利。

四、校订。为保证校订工作的顺利进行，四库全书馆制定了《功过处分条例》。各册之后，一律开列校订人员衔名，以明其责。一书经分校、复校两关之后，再经总裁抽阅，最后装潢进呈。

分色装潢：

《四库全书》的内容是十分丰富的。按照内容分类，包括四部四十四类六十六属。分经、史、子、集四部，故名四库。乾隆三十八年（1773）三月，四库全书馆设立不久，考虑到这部书囊括古今，数量必将繁多，《四库全书》总裁便提出分色装潢经、史、子、集书衣的建议。全书编成后，依经、史、子、集四部，每册封面分别用绿、红、蓝、灰四色绢，以包背装式样装成，以便检阅。

收藏情况：

《四库全书》前后缮写七部，均仿宁波范氏天一阁藏书楼规制，建阁庋藏。文渊、文溯、文源、文津四阁在宫禁之中，因称内廷四阁或北四阁。江南为人文渊薮，乾隆命建文宗、文汇、文澜三阁，是为江南三阁。

《四库全书》七阁简表

阁名	所在地	建阁时间	成书时间	阁存毁情况
文渊阁	北京故宫	乾隆四十一年（1776）	乾隆四十七年（1782）	存。辛亥革命后曾归内务府管辖，1925年故宫博物院成立，书由其图书馆保管，1933年随故宫古物南迁，现存台北故宫博物院。
文源阁	北京圆明园	乾隆四十年（1775）	乾隆四十八年（1783）	毁。咸丰十年（1860），英法联军入京，被英军烧毁。
文溯阁	沈阳故宫	乾隆四十七年（1782）	乾隆四十八年（1783）	存。1914年运庋北京，1925年运返奉天，1931年，"九一八"后一度沦陷，1945年为苏军所得，其后归还。1966年由沈阳图书馆移交甘肃省图书馆代管。
文津阁	承德避暑山庄	乾隆三十九年（1774）	乾隆五十年（1785）	存。民国初运至北京，现藏国家图书馆。
文宗阁	镇江金山行宫	乾隆四十四年（1779）	乾隆五十二年（1787）	毁。鸦片战争中，于道光二年（1842）曾遭英军破坏，咸丰三年（1853）太平军攻克镇江，阁书全毁。
文汇阁	扬州天宁寺行宫	乾隆四十五年（1780）	乾隆五十二年（1787）	毁。咸丰四年（1854）太平军攻扬州时被毁。
文澜阁	杭州圣因寺行宫	乾隆四十七年（1782）	乾隆五十二年（1787）	残存。咸丰十一年（1861）太平军第二次攻下杭州时散佚，杭州藏书家丁氏兄弟收集残余，并据刻本抄补。光绪六年（1880）重建文澜阁，丁氏兄弟将书送还，又陆续抄补。民国后，归浙江省图书馆庋藏。抗战时曾运至青木关，胜利后运回浙江，现藏浙江省图书馆。

国家图书馆与文津阁《四库全书》：

文津阁位于热河行宫（今河北省承德市）避暑山庄，开始修建于乾隆三十九年（1774），次年修建完毕。文津阁《四库全书》是七部《四库全书》中的第四部，成书于清乾隆四十九年（1784）十一月，于乾隆五十年（1785）三月入藏文津阁。全书在文津阁收藏近一百三十年。

宣统元年（1909）七月，清政府允准拨文津阁《四库全书》为筹建京师图书馆所用。1913年底，国民政府内务部派人清点装箱，次年运抵北京，藏于文华殿古物陈列所。1915年，拨交新成立的京师图书馆（今国家图书馆前身）。为纪念馆藏文津阁《四库全书》，1931年4月9日，国立北平图书馆致函北平市公安局，拟将馆前街道定名为"文津街"，公安局于5月18日来函照准。

随着馆舍的易址改名，全书曾五次搬迁。2008年，国家图书馆二期馆舍落成，文津阁《四库全书》再次搬迁，入藏新的专用库房。

文津阁《四库全书》自1915年由京师图书馆正式接收后，一直受到人们的特别关注，对它的保管和利用有着一套严格的规定，它与《敦煌遗书》《赵城金藏》《永乐

国家图书馆《四库全书》库房

大典》并称为国家图书馆的四大镇馆之宝。

文津阁《四库全书》每册卷首有"文津阁宝",末页有"避暑山庄""太上皇帝之宝"小篆朱文方玺各一。全书共36304册,分装6144个书函,陈列摆放在128个书架上,是七部《四库全书》中保存最为完整并且至今是原架、原函、原书一体存放保管的唯一一部。

学术影响:

首先,《四库全书》的编纂规模亘古未有。全书几乎囊括了清代中期以前传世的经典文献,是对中国有文字记载以来所存文献的最大结集与总汇。其次,抄录和辑佚《永乐大典》中孤本书籍。四库馆臣先后从《永乐大典》中辑得失传文献500余种,其中380余种收入《四库全书》,120余种列为《四库全书存目》。第三,《四库全书》的编纂对于后世图书分类产生了深远影响。《四库全书总目》在中国古典目录学史上具有里程碑性质,其分类标准和部别原则充分体现了中国古典文献传承的科学体系。乾嘉以后,凡编纂书目者,无不遵循其制度。第四,开创了多层次的古籍编撰和保存工程。用新造木活字法刻印流通100多种珍本秘籍,即著名的《武英殿聚珍版书》。开馆之初,命馆臣从应抄诸书中撷其精华,编纂《四库全书荟要》。建造南北七阁，大力倡导藏书文化，体现传统文化尊严和价值。

当然，作为一部体量宏大的巨著，《四库全书》也存在着明显缺陷。第一，寓禁于征。编纂《四库全书》过程中，对当时流传典籍做了一番相当彻底的检查，查禁了大批明代尤其南明史书和反清排满著述，兴起很多文字狱。前后禁毁图书3100多种、15万部以上。收入《四库全书》的图书也有不少删节或挖改。第二，轻视科技著作。认为西方现代科学技术是"异端之尤"，可以"节取其技能，禁传其学术"。除了农家、医家和天文算法类收录少数科技著作之外，一般科技著作不收录。第三，不收戏剧著作和章回小说。

虽然有明显的缺陷，但是《四库全书》作为一项空前绝后的文化工程，囊括了中华民族上千年来的智慧结晶，可以称得上是中华传统文化最丰富、最完备的典籍集成。中国传统的文、史、哲、理、农、医几乎所有的学科都可以从中找寻产生的源头。因此可以说，《四库全书》的编修对中华传统典籍的整理与保存起到了十分关键的作用。这套出版史上的巨制成为举世罕见的绝世珍品，也成为国家经典文化的象征。

第六章　汉字的朋友圈

中华文明逐渐形成后，自先秦开始，便向外辐射和扩散影响力。除了在本国使用之外，汉字还深刻影响了与中国毗邻的朝鲜半岛、日本、越南等国家的官方书面规范文字。汉字，作为文化传播的信息载体，曾长期作为官方文字和文化交流的国际文字存在，在历史上对文明的传播和分享起到了重要作用。

中国曾是古代东亚最先进、最强大的国家，作为文化的输出国，具备强大的文化扩散和影响力，并以此形成了围绕在汉字周围的"朋友圈"。汉字朋友圈的范围大致包括东亚大陆及周边岛屿，即今天的中国、朝鲜、韩国、日本、越南、新加坡等国。这些国家曾使用并还在使用汉字，基于相同的文化特征——汉字、儒学、华化佛教、中国式律令制度，以及中国式生产技术、生活习俗等。汉字作为传承文明与文化的载体，不仅承载着古老悠久的华夏文明，也为文化圈中各国民族文化的发展做出了巨大贡献。所以，这一地区又称为"汉字文化圈"。

第一节　从借用到自创——汉字在朝鲜半岛

汉字在传入朝鲜半岛以前，当地只有本民族语言而没有本民族的文字。根据《尚书大传》记载："武王胜殷，继公子禄父，释箕子之囚，箕子不忍周之释，走之朝鲜。武王闻之，因以朝鲜封之。"周武王封箕子朝鲜属地之后，曾教授当地人"礼义、田蚕、织作"，又制定了"八条之教"，使得华夏文明开启了传播到朝鲜半岛的历程，而朝鲜北部也成为最早进入汉字文化圈的地区之一。后来在朝鲜半岛出土的大量战国钱币也是历史的见证。西汉元封三年（前108），汉武帝在朝鲜半岛设真番、临屯、玄菟、乐浪四郡，标志着朝鲜和中原的交流更加密切。汉末，改变之前的半岛名称"朝鲜"为"高丽"，以平壤为都城。唐代又兼并了半岛南部的新岁（辰韩）、百济（马韩），定都开京（今开城），称东京，平壤为西京。

此后，一直以汉字为官方文字。

313年，百济合并带方郡，与高句丽、新罗形成三足鼎立之势。其中，以百济受汉文化影响较早，3世纪中叶后便引入中原儒学，开始正规的汉文教学。676年，新罗统一朝鲜半岛，在8—9世纪与唐朝交往频繁，全面引入唐朝制度，奉汉文化为正统。直到唐朝，高度发展的盛唐文化更是源源不断传入朝鲜半岛，汉字及汉语词汇在朝鲜语言文字中起到了举足轻重的作用。朝鲜不仅已经接受了中国的经典书籍、医药针灸、卜筮占相、音乐舞蹈，而且开始用中国科举制度开科取士，并不断派遣留学生到中国学习汉字文化。此后历朝国家典籍、档案、文牍、法令、规章皆以汉字书写，文化教育体系基本是汉字体系。公元7世纪时，汉字已普遍应用于朝鲜半岛的社会政治和文化生活，从国名、年号至百家姓氏都以汉字命名，汉字的研究和整理在朝鲜成为专门学科。一直到1910年被日本吞并时止，汉文一直是朝鲜的官方书面语言。

在朝鲜的文字史上，朝鲜人也创造过"乡札""吏读""口诀文字"三种书写形式，或借音借义，或以固定的汉字组合表示朝鲜语的格助词与词尾变化，或只在汉

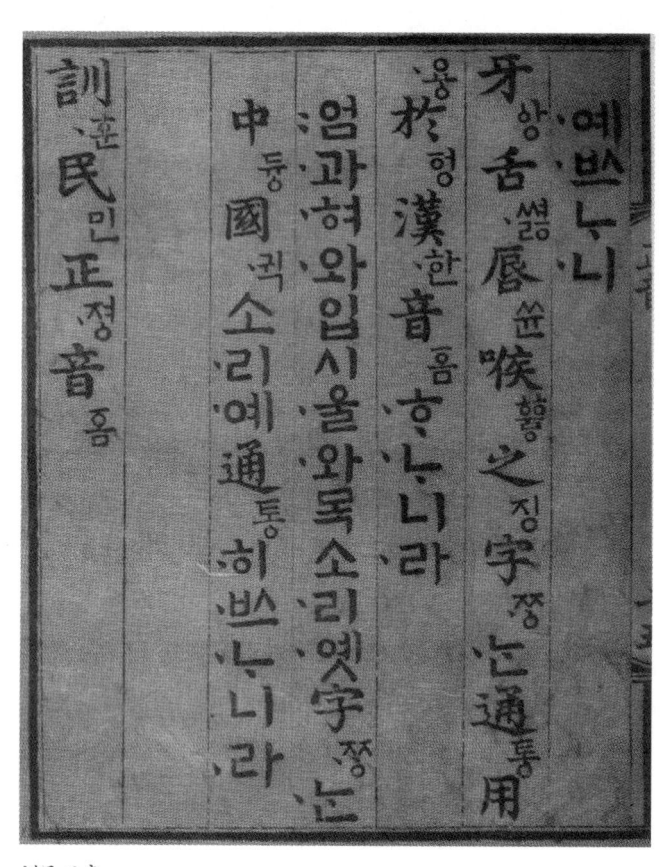

训民正音

文句尾加上"虚词"或词尾变化，以便阅读。相传"吏读"是由新罗神文王时期的学者薛聪创制的，也有学者认为薛聪只是整理"吏读"使其得以系统化和最终定型的人。"吏读"为了适应朝鲜语，假借汉字，使得汉字的音义被改造为假借字，称为"吏读文字"，以借音和借义两种方式表达朝鲜语。在借鉴了其他民族文字的经验并受佛教标音文字的启发后，1446 年，朝鲜王朝世宗大王李祹创制了自己的文字，并编订了文字方案——《训民正音》，也就是今天朝鲜（韩国）文字的雏形。28 个字母按照书名称为"训民正音"，又称"谚文"，即"通俗文字"。但是，当时人们认为汉文是要用毕生精力才能学好的，是真学问，称之为"真文"；而"训民正音"太简单，只能称为"谚文"，即通俗、卑下的文字。因此，谚文只能流行于庶民阶层和宫廷贵族妇女之间。当时，社会上仍为汉文、吏读文、谚文三种书写形式并用，汉字在朝鲜语文与生活中的地位无重大变化。除了借用汉字和自制谚文外，朝鲜人还模仿汉字造字原理自造了一些汉字，被称为"国字"。主要有形声字、会意字和合音字，用以区分汉字。

在本民族文字产生之前，朝鲜半岛只有自己的口头语言，没有自己的文字，汉字就成了他们的书面语言。汉字与汉文化传入后，便逐渐渗透到朝鲜的社会生活，上自国号、王号、官爵称谓，下至文物制度、专有名词，无不以汉字命名。及至唐朝，朝鲜古典文献，如史学名著《三国史记》《高丽史》《李朝实录》均用汉文撰写。汉字文化在朝鲜历经多年，促进了朝鲜文化的迅速发展。朝鲜借用汉字编出了本民族的史书和文献。如1700多卷的李氏朝鲜编年史《李朝实录》，记录了历代诸王事迹以及有关的政治、经济、文化等。同时，也出现了一批汉文水平杰出的学者和作家，最著名的是12世纪的李仁国，他是高丽时代的诗人和作家，著有《东文选》和《破闲集》。

19世纪中期，汉字的使用在朝鲜经历了前所未有的危机。1948年，朝鲜废除汉字，并宣布用正音文字代替使用了1500年之久的汉字作为官方文字。直至今日，朝鲜仍坚持这一文字政策，无论是报纸杂志，还是各类图书，全用朝文排版印刷。不过，1968年朝鲜曾一度恢复汉字教学，当年发行的4种汉字教科书使用了1500个汉字，并出版了辅助学习的汉字字典。整体而言，朝鲜的语文政策比韩国的语文政策在对汉字的限制方面更为严格。

1948年，韩国国会颁布了《韩字专用法案》，并规定政府使用的公文必须以韩国字来书写，如非必要不能使用汉字，力图通过政府力量废除汉字在官方的使用，自上而下推进文字改革。1972年，韩国教育部公布了1800个教育汉字，要求中小学生掌握。在此方针指导下，小学开始实施全面的韩字专用教育。从此，使用汉字受到限制，除报刊标题、专有名词偶尔使用汉字，韩字已成为韩国的标准文字。

　　时至今日，虽然朝鲜与韩国都曾力图摆脱汉字在其社会生活中的影响力，但不可否认的是，汉字在他们的社会生活中仍发挥不同程度的作用。韩国至今还夹用汉字。1975年编印出版的《汉语大辞典》，收录汉语词汇30多万条。韩国政府曾动用行政力量下令废除汉字的使用，但时至今日，韩国仍继续保持谚文与汉字混用的传统。就像韩国著名学者南广佑所言："汉字语也是国语，占国语词汇的一大半，教学汉字乃是国语教育的捷径。"

　　今天，随着中国经济的快速发展、中华文化在世界影响力的增强，汉字在朝鲜半岛又重新受到重视。1998年，韩国成立了全国汉字教育推进总联合会，该联合会主张从小学开始彻底进行汉字教育。1999年起，韩国政府还宣布在所有公务文件和交通标志等领域全面恢复使用已经消失多年的中国汉字和汉字标记，以适应世界文化发展的潮流。可以说，汉字在朝鲜半岛的兴衰与复兴的历程，见证着中华文明在世界文化史上地位的变迁，也成为中华文明影响全球的一个力证。

第二节　难以割舍——汉字在日本

日本历史文化的发展与中国有着十分密切的联系。中日两国自古便隔海相望，两国之间的相互交流应当在春秋战国时期或之前就已经开始了。《山海经·海内北经》记载："盖国在巨燕南，倭北，倭属燕。""倭"即为当时中国对日本的称谓。《汉书·地理志》记载："夫乐浪海中有倭人，分为百余国，以岁时来献见。"表明了当时日本列岛小国林立的情形。《后汉书·东夷列传·倭》记载了光武帝曾赐印绶予当时的倭奴国。而这枚"汉委奴国王"金印于1784年在日本九州出土，现藏于福冈市博物馆，上面就刻有汉字。另外，在日本还出土了王莽时期所造的一种称为"货泉"的货币，这种货币在当时颇为流行，一直通行至东汉初年。由

"汉委奴国王"金印

此可见，早在汉代，汉字已经传到日本，只不过这时传入日本的汉字比较零散，日本人还没有系统地接触汉字。

公元4世纪前后，正值中国的两晋时代，日本人开始有系统地接触汉字，并开始正式学习汉字中的文言文。当时，朝鲜半岛的百济与日本关系密切，而百济又是朝鲜接受汉文化最早的地区之一。《隋书·倭国传》记载，当时倭国并无文字，日常采用刻木结绳记事的方法，因为崇尚佛法，从百济求得佛经，才开始有了文字。当时，百济从海陆到南朝，在宋、齐、梁各朝，不断求取汉文典籍。在百济的影响下，日本也通过海路派出遣唐使，求得各类典籍。当时日本国内的汉文使用者以统治者上层和归化汉人为核心，金石铭文都是日本使用汉文的早期材料。

公元7世纪，日本成为制度完备的国家，在与隋朝的交往中，开始称本国国名为"日本"。由于当时中国的国力强盛、经济发达，文化的影响力也进一步增强，汉文与汉文化在日本的传播也进入了一个崭新的阶段。645年"大化改新"之后，日本频繁派遣"遣唐使"和留学生，全面学习唐朝的各项制度，学习中国文化。中国佛教经典经朝鲜传入日本，汉文化在日本的传播范围进一步加大，影响力也进一步增强。公元8世纪，日本全面引入了唐朝的教学制度，规定读书人必须学习儒家经典，通过相关考试后方可选拔为官吏。汉字作为日本的官方书面语言，地位得到进一步的确立与巩固。此后，汉字的影响逐渐遍及日本社会的各个层面，并深深融入到日本民族文化发展的血脉之中。

随着汉字文献越来越多地传入日本，日本人逐渐认识到汉字的用途，表现出学习汉字的极大热情。日本上层社会掀起了学习汉语和华夏文化的热潮。如今，汉字已与日本历史文化水乳交融，浑然一体，甚至成为日本文化的象征性符号。

如果我们对汉字在日本的传播过程进行简单梳理，

就不难发现，日本汉字大致经历了四个发展时期。

一是音读、训读时期。汉语与日语是完全不同的两种语言，因此汉字不可能刚一传入日本便立即融入到日语中，在使用的过程中，汉字发生了深刻的改变。日语汉字按汉语的发音读出来，叫音读，这是在符合日语发音习惯的基础上，模仿中国古代对该汉字的发音方法形成的。由于日本是分阶段从不同的地方引进汉字，汉字发音有明显的地域差异。因此，日语汉字的读音非常复杂，主要分为吴音、汉音、唐音、惯用音等几种。所谓训读，就是借用汉字的字义，仍然按日本原有的发音来读音。这也是我们现在看到日文中有和中文相同的汉字，但是发音却完全不同的原因。

二是万叶假名时期。万叶假名，又叫"真假名"，因其用法主要集中于日本古典名著《万叶集》而得名。《万叶集》是日本最早的和歌总集，成书于公元759年，当时也是中国诗歌发展最繁荣的唐代。是一本用汉字书写的日本"和歌"歌集。《万叶集》的出现标志着借用汉字书写日语的成熟。书中的假借汉字，被称为"万叶假名"，主要分为"字音"和"字训"。"字音"即借用汉字的读音，作为表音符号，不用汉字的字义。类似于汉字造字法中的假借；"字训"指借用汉字的字义，来表示日语中的同义或近义词汇，但又不完全按照汉字读音。因此，万叶假名可以看作日本文字的开始。万叶假名的出现，使汉字的日语文字化功能进一步加强，可以看出后世假名的字源形态。

三是片假名、平假名产生时期。片假名和平假名都从万叶假名发展而来。万叶假名大量使用时，"一字数读"的现象十分严重，无法有效表达日语中的特殊语法成分。于是日本人在9世纪创造了假名文字，用以解决万叶假名使用过程众多问题。在假名的产生过程中，出现了两套对等的系统，即平假名和片假名。片假名最初产生于佛教传入有关。奈良和尚读汉字的佛经时，在汉字旁注音、注义，写虚词、词尾，起初是使用整个汉字，后来为了记录方便则简化汉字，取其片段。12世纪以后，作为汉文标记的片假名有了统一的写法，使用范围不断扩大，称为真正的文字。平假名，产生于盛行草书的平安时代，通过简化草书形成，又叫"草假名""女手""女假字"（相对于汉字"真名""男手"），认为平假名是妇女使用的、地位低下的文字。后来，随着《古今和歌集》《源氏物语》等平假名作品的出现，其社会地位和影响力开始扩大。直到江户时期，为普及庶民教育，要求字形统一，开始形成现在的平假名规范字形。

四是汉字、假名共用时期。现代日文是汉字、平假名、片假名的混合体，还夹杂着罗马字母与阿拉伯数字。其中，汉字多用来表示实词，假名多用来表示虚词、外来语和拟声词等。这种汉字、假名混写的方式，一直沿用至今。

明治维新前后，历经西方文明和民族心理的双重冲击，日本人认识到文字改革的必要性。有人主张废除汉字用罗马字，有人主张废除汉字完全用假名代替。但是，汉字传入日本毕竟已有1600多年的历史，日本的重要典籍几乎都是用汉字记录的，不可能在短时期之内完全废弃。最终，经过历次改革，日本决定限制汉字的使用，并逐渐减少汉字的数量。1919年，日本提出了《汉字整理案》，字数为2600个；1922年，政府规定，新闻限用3500个汉字，并在以后逐步减少。1933年，文部省规定标准汉字为2669个。1946年，日本政府又公布了《当用汉字表》，字数为1850个；1981年，颁布了常用汉字1945个；2009年，日本政府将常用汉字增至2131个，旨在"适应信息化时代需要"。

虽然日本发明了本民族的表音文字，但是始终无法真正摆脱汉字的影响，不能彻底废除汉字。这与汉字的表意性质是有直接关系的。较日文字母而言，每个汉字都有其清楚的含义，一词一语，视觉功能强，传递信息高效，其他文字根本无法相比。日语的音节少，结构简单，区分度不高，仅使用表音符号难以有效区别词义，进而影响信息传递的效果。在汉字进入日本的过程中，大量的汉语词汇被保留下来，占到日语词汇量的一半。这些汉语词汇中包含大量的日本没有的概念，在实际应用中更适合用汉字来标记。故而汉字的表意的语言机能也是日本至今仍在使用汉字的主要原因。

第三节　传播与嬗变——汉字在越南

越南作为中国的邻邦，自古以来就与中国有着长期而密切的经济文化往来，汉文化也一直对越南社会的发展发挥着不可忽视的影响。越南的主体民族是京族，其通用语言为京语，又称越南语。早在春秋时期，越族中的一些人已经能够用汉语和汉字作为交际工具，开始与吴国、楚国交往。战国时期，越国被楚国所灭，越人在不断南迁的过程中，把汉字带到了红河流域。据《交州外域记》记载，公元前257年，蜀王子泮在红河平原上自立为安阳王，蜀人再次把汉字带到了红河流域。

汉字在越南的传播，最初主要集中在越南北部，即红河中下游及横山以北地区。汉字在越南传播的历史，经历从学习、借用到仿制、创造等几个阶段。越南和广西自秦始皇时代起，就有汉文化传入。公元前221年，秦始皇统一中国，平定岭南，置桂林、南海、象郡，大批中原移民迁入。公元前207年，赵佗称南越国王，继续推广华夏文化。由于当时越南还没有文字，汉字便成为越南人使用的文字。公元前112年，汉武帝平定南越，分置九郡，其中交趾、九真、日南三郡，大致相当于今越南北部和中北部地区。汉语和汉字随着政权南下而进行传播，汉字在越族中流行起来。汉字传入后，从秦汉时期一直到968年越南独立，越南与中国中原文化联系十分密切。五代时期，交趾人吴权称王，建立了独立的王朝。此后一千余年的越南王朝，汉字一直被当作正式文字，汉文化也被带到当地，与当地文化融为一体，成为越南语言文化的组成部分。唐朝时，政府在安南开办学校，发展文化教育。李朝与其后各朝均效仿中国教育、考试制度、崇奉周公孔子。在语言上实行双语制，在朝廷和学界通行汉语，汉字被称为"儒字"。同时，使用汉字书写政府文件和文学作品，留下了许多汉文典籍。这时，大量汉语进入越南语，成为越南语的有机组成部分。

"喃字"的创制。越南独立以后，随着民族意识和国家意识的不断觉醒，于13世纪创制了自己的文字——字喃，又称"喃字"。喃字在越语中一般可以理解为"南国的文字"，也可解释为"民间的通俗文字"。它是以汉字为基础运用假借等方法创造出来的文字，有两种类型：一是直接借用汉字，占到总数的3/4左右；另一种是自造喃字，占1/4左右。喃字是一种意音文字，与汉字的性质类似。它是从成熟文字中直接借用或仿效自造而来的，把汉字或汉字偏旁重新组合，往往由两个汉字拼写而成，一边表声，一边表义，可以说是汉字在越南的衍生物。喃字一度与汉字并行用作正式文字，然其影响仍不及汉字。

越南"国语字"。16、17世纪，来到越南的西方传教士以葡萄牙、意大利、法国的拉丁字母拼写越南语，产生了越南语的第一批拼音文字。1862年，法国开始了对越南的殖民统治，并向社会推广教会拼音文字。19世纪后期，法国殖民者出于其统治需要，强令推行法文和国

漢字	喃字	漢越語	現代越語	法語解釋
躬	躬	Cung	Mình	Corps
晢	鐥剷	Triết	Lành(sáng)	Doux
浃	浽蘫	Thiếp	Thấm	Imbiber
苞	蘫	Ba	Liếp	Haie
笈	笏	Cấp	Níp	Boîte
菊	核菊	Cúc	Cây cúc	Camomille
茯	苓矩茯	Phục	Củ phục linh	Squine
修	抆	Tu	Sửa	Préparer
衰	衰捊愲婚	Suy	Béo don, sa sút	Décadence, malheureux
悅	愲瀷諜	Duyệt	Hớn hở vui đẹp	Soctisfait
荄	唭禾	Cai	Rễ	Racines
訕	吱	San	Chê	Mépriser
租	租稅	Tô	Tô, thuế	Impôt
倘	租稅音喻	Thảng	Ví dụ	Quoique

越南喃字

语字，排斥汉文。20世纪40年代，越南北部获得解放，胡志明等领导人大力推广国语字。越南政府宣布拼音文字为官方唯一的文字，越南人使用了两千多年的汉字和数百年的喃字就此废止。

尽管如此，汉字在越南的影响至今仍随处可见。现在越南的许多地名，如归仁、西宁、河内、平顺、清化、河南、河西、山西、太原、兴安等，仅从名字来看就与汉字、汉文化有关。越族人的姓名与中国汉人的名字特征也基本一样，一般是三个字，也有四个字的，多为女性所用；姓名的第一个字是姓，中间是垫字，最后一个字是名。

第四节　字中有乾坤——汉字之美

汉字作为一种严谨优美的文字，自产生之日起，其形体本身就蕴含着艺术美的特质，有着独特的审美特征和丰富的艺术表现形式。汉字之所以广为流传，历久弥新，一方面由于其实用性，另一方面也是源于其自身具备的深刻的美学意义。鲁迅曾赞叹我们的汉字有三美：意美以感心，音美以感耳，形美以感目。汉字因其形、音、义的一致性，能够使人产生强烈的代入感和传达力，让我们在识字的同时能够在脑中展开灵动的视觉或听觉联想，从而形成五官的完整感受。同时，汉字也是一种优雅的有趣味性的文字，我们可以利用汉字组成不同的语言文学形式如诗词、字谜、绕口令等，变化多样的文字游戏能够给我们的生活增添许多趣味。汉字之美，美在庄重典雅，形神兼具。汉字之美是多面而立体的，她承载的是中华民族数千年的厚重历史与灿烂文化，是中华民族灿烂文化宝库中的一颗无可取代、熠熠发光的明珠。

形态之美

汉字之美，首先，是它的形态美。它是世界上独一无二的方块字，具有结构之美。它的一撇一捺、一提一顿、一竖一横、一点一钩，四平八稳，横平竖直，无不体现出气韵流动、风骨健美。它讲究字体的间架结构，平衡布局。也讲求字形的沉稳厚重，大气端庄。汉字从甲骨文、篆书、隶书再到楷书，线条变成了笔画，字形结构呈现匀称的布局，笔画的分布与长短无一不体现出和谐的视觉美感。

汉字也是象形的字，汉字的结构变化呈现图像之感，

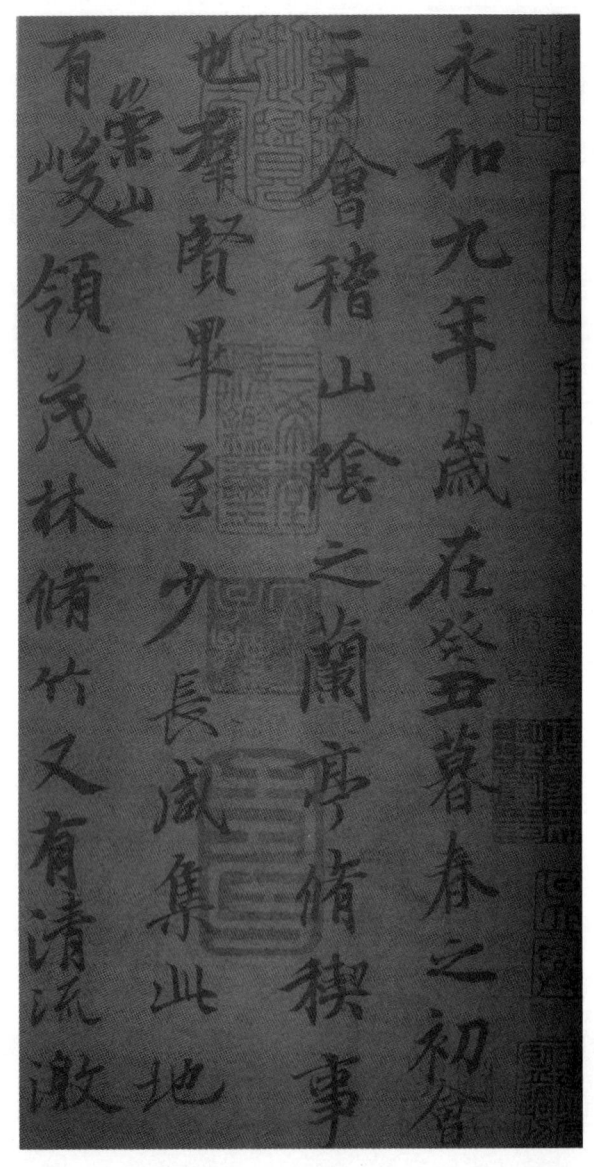

王羲之《兰亭序》局部

富于无限的生命力。如"雨"字保留了图像的生动性，描摹了雨滴纷落的场景；"飞"字，有如鸟儿振翅，翩翩欲飞的形态跃然纸上；汉字也是形神兼具的字，像"雾"字，上有细雨纷飞，下有表音字，烟雨迷蒙，形声兼具。像这样的例子不胜枚举。

汉字所具备的审美特征，同时也体现在汉字的书写之上。汉字的书写直接孕育了中国最具特色的艺术门类——书法艺术。汉字可以称作书法艺术的母体，中国的书法与中国汉字休戚相关。书法讲自然万象归纳、提炼、升华，它的美主要是外在的形式。书法与篆刻艺术不仅体现出汉字书写的实用目的，同时也在其发展过程中逐渐演化成为具备深厚文化内涵的艺术形式，成为传统中华文化中最为绚丽的一章。汉字作为一种独具特色的方正字形，孕育了世界上最具特色的书法艺术以及中华文化史上众多划时代的书法大家如王羲之、褚遂良、怀素、颜真卿、柳公权、米芾、赵孟頫等，历代书法家创作的书法艺术，也是世界艺术宝库中最为珍贵的一支。其雅俗共赏的特性、奇文共赏的品质使得汉字艺术在历朝历代都受到各阶层人士的喜爱，在陶冶性情、修身养性的同时不断体悟汉字之美。

音韵之美

汉字之美,美在有声可吟。汉字的一字一义、一字一音。每个字,既有义,又发声,每个字都有平仄的区分。唐诗也好,宋词也罢。每首诗都有严谨格律的约束,上下句都讲究平仄相对,因此,读来抑扬顿挫,富有音韵美。李清照的词《如梦令·昨夜雨疏风骤》,其中有"知否,知否,应是绿肥红瘦"。细细读来,人们仿佛听到了一曲旋律悠扬、婉转轻盈的歌唱,抑扬顿挫,有节奏轻快的,有节奏舒缓的,琴键在轻击,琵琶正奏响。娓娓叙说,惬意交流。美丽的词句,诗画的意象,读来自是兴味盎然。加以韵律,便是一首婉转的歌曲。可见,汉字之美,还美在可唱。这首欢快的小令充分表达了诗人对花红易衰的伤感及对美好生活的向往。再以苏东坡的词《定风波》为例,"莫听穿林打叶声,何妨吟啸且徐行。竹杖芒鞋轻胜马,谁怕?一蓑烟雨任平生",铿锵跳跃、峰回路转的诗句,把东坡居士平和、淡泊、宠辱不惊的人生态度完美地展示于人们的眼前。这也再次展示了汉字一字一义、一字一音所呈现的音韵美、音节美和意境美。

意蕴之美

汉字之美，不仅其形态美，可画；音韵美，可唱；更在于她的意蕴美，可思可想。一字一义，意蕴隽永。所谓"一字一世界"，一个汉字，她含蓄宽广的语境，她所包含的深邃的意象，常常需要人们反复揣摩、考量其义。讲到意蕴，我们常常会想起王安石的诗《泊船瓜洲》："京口瓜洲一水间，钟山只隔数重山。春风又绿江南岸，明月何时照我还。"一个"绿"字，把江南水乡的无限春光描摹殆尽，使诗篇灵动巧致。诗人对于"绿"字的运用，正体现了汉字的意蕴美。绿，原是一种色彩，却能春风吹拂，染绿了春色江南。可见，汉字之美还在于她万千灵动的意象。仅凭一个绿字，而使全诗跳跃，沉闷而变灵动，强大的气场，绿字自是当仁不让。人们也记得唐代诗人卢延让为了能觅得一个跳动、形象、精当、达意的字词，徘徊庭院，反复推敲，他的"吟安一个字，捻断数茎须"的用心，可歌可叹。贾岛的"僧敲月下门"，推敲一词正源于此。无数诗人为了找到一个形象、意境、精神、音韵都恰到好处的字，全情投入这种忘形专注的精神，已经达到了炼字的最高境界。正是因为中华汉字有着强大表现力和她的深邃的意象、意境，才能让诗人充分发挥想象力，精挑细选，创作佳作，以致贾岛作诗竟是"两句三年得，一吟双泪流"了。

汉字不仅具有记录人们的行为、情感、思想的功能，还具备一定的趣味性。人们利用汉字形、音、义合一的特殊结构和构词灵活的特点，创造出了不同的文学形式，使得汉字除了她的形态美、音韵美、意象美之外，还具备她的趣味性、娱乐性。文人雅士，茶余饭后，他们常以汉字当作休闲娱乐的工具。创设了不少活泼、趣味盎然的文字游戏。楹联、字谜、绕口令、回文诗等，无不凸显了汉字娱乐趣味的功力。譬如，西晋苏伯玉之妻所作的《盘中诗》："山树高，鸟鸣悲。泉水深，鲤鱼肥。空仓雀，常苦饥。吏人妇，会夫稀。出门望，见白衣。谓当是，而更非。还入门，中心悲。北上堂，西入阶。急机绞，杼声催。长叹息，当语谁？君有行，妾念之。山有日，还无期。结巾带，长相思。君忘妾，未知之。妾忘君，罪当治。妾有行，宜知之。黄者金，白者玉。高者山，下者谷。姓者苏，字伯玉。人才多，智谋足。家居长安身在蜀，何惜马蹄归不数？羊肉千斤酒百斛，令君马肥麦与粟。今时人，智不足。与其书，不能读。当从中央周四角。"其回环往复的结构方式，令人称奇。自问世以来,成为历代诗家争相仿效的对象;缺字联的"二三四五(缺一),六七八九(少十)",暗隐"缺衣少食";趣味拼字的"弓在一侧当是引,文武双全岂非斌",无情对的"三星白兰地,五月黄梅天"。这类有别于严格韵律的杂体诗以其新颖别致,充分利用汉字结构的独特魅力,为人们的生活增添了许多趣味。

盘 中 诗 苏伯玉妻

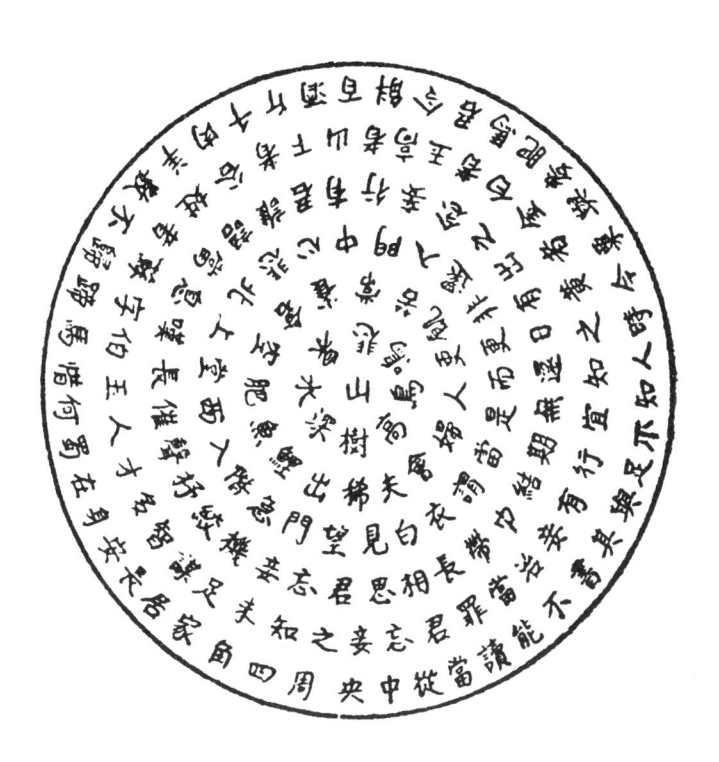

图书在版编目（CIP）数据

美丽的中国文字 / 陈慧娜, 刘杨著. —北京 : 北京联合出版公司, 2023.12
　　ISBN 978-7-5596-7294-0

Ⅰ.①美… Ⅱ.①陈… ②刘 Ⅲ.①汉字—青少年读物 Ⅳ.① H12-49

中国国家版本馆 CIP 数据核字 (2023) 第 241600 号

Copyright © 2022 by Beijing United Publishing Co., Ltd.All rights reserved.
本作品版权由北京联合出版有限责任公司所有

美丽的中国文字

作　　者：	陈慧娜　刘　杨
出 品 人：	赵红仕
出版监制：	刘　凯
责任编辑：	章　懿
封面设计：	漆苗苗
内文排版：	麦莫瑞文化

北京联合出版公司出版
（北京市西城区德外大街 83 号楼 9 层 100088）
固安兰星球彩色印刷有限公司印刷　北京联合天畅文化传播有限公司发行
字数 96 千字　787mm × 1092mm　1/16　13 印张
2023 年 12 月第 1 版　2023 年 12 月第 1 次印刷
ISBN 978-7-5596-7294-0
定价 : 88.00 元

版权所有，侵权必究　　　　文献分社出品
未经书面许可，不得以任何方式转载、复制、翻印本书部分或全部内容。
本书若有质量问题，请与本公司图书销售中心联系调换。电话：（010）64258472-800